JN065205

再 現
ビートン夫人の
おもてなし

現代に蘇るヴィクトリア時代の食卓

小坂真理子

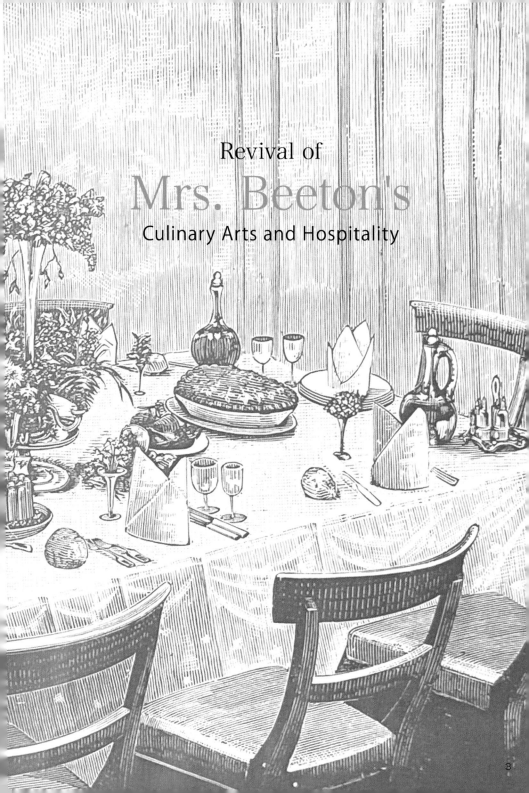

Revival of
Mrs. Beeton's
Culinary Arts and Hospitality

ヴィクトリア時代の食卓への誘い

~本書の発行に際して~

「なんて魅力的な本に出会ってしまったのかしら！」。『ビートン夫人の家政本』に初めて触れた日の感動は、今でも忘れられません。

2019年4月、立川碧先生のヴィクトリアン・リヴァイバルの講座に参加した際、参考資料として手にすることが出来たのです。ヴィクトリア朝時代に生まれ、カリスマ主婦といわれたビートン夫人。1861年、彼女が編集を手掛けた家政本は1年で6万部の売り上げを記録しただけでなく、160年経った今も読まれている驚くべき本なのです。1800以上という莫大なレシピを中心に当時の中産階級の主婦たちが理想とする衣食住のアドバイスを包括、おもてなしの心得、家庭の医学、法律など広範囲にわたり、とても分厚い革張りで、まさに百科事典のような手引書なのですが、ところどころにカラフルなプディング（当時はまだよく知りませんでした）やデザート、テーブルデコレーションが載っていました。レシピも豊富に掲載されていたので、ページをめくるたびにわくわくとし、「いつかこれを自分の手で実際に再現してみたい」そう憧れたのでした。

その後、縁あって1899年版、1948年版を入手。こつこつと翻訳、試作しては、

Facebookなどで「ビートン夫人家政本再現チャレンジ」として投稿してきました。

今回、本書では、そんな再現を中心に「ヴィクトリア時代の人々はこんな美味しいもの、びっくりするものを食べていた」などを、豊富な写真やイラストも交え、お菓子や料理のレシピ、逸話などを紹介。私がいかに楽しくこの本と向き合ったのか、そして私が『ビートン夫人の家政本』を初めて見た時の踊るような気持ちをお伝えできたらと思っています。

本書を読むにあたり、イギリスの歴史、難しい専門知識は必要ありません。どなたにでもわかりやすくお伝えすることを最重要視しています。また、どこから読んでも楽しんでいただけるよう紹介しています。

今回は家政本の中の「食」をメインにしていますが、巻末にはビートン夫人の教えを綴った教訓集も作りました。ヴィクトリア時代の主婦像、生活感、価値観なども垣間見ることもできるでしょう。思わずうなってしまう、目からウロコの教訓ばかりです。きっと思い当たること間違いなしです。どうぞ心ゆくまでご覧ください。

＊ヴィクトリア朝時代とは19世紀中期、1837～1901年。ヴィクトリア女王がイギリスを統治していた期間をいいます。

Contents

第3章　スイーツ＆
プディング
レシピ集

『ビートン夫人の家政本』とは

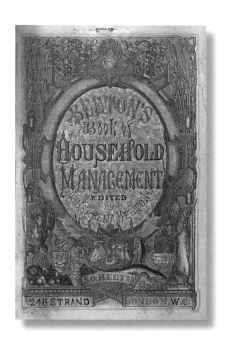

　1861年、イギリス・ロンドン。当時25歳でカリスマ主婦といわれたイザベラ・ビートンの手によって編集され出版された『ビートン夫人の家政本』は、主に中産階級の主婦層に人気を集めました。

　約1800という料理レシピ、メニューだけではなく、家庭生活に必要な衣食住のアドバイス、例えば交際時のエチケット、おもてなしの仕方、家族の健康維持のための

医学的知識、家計の管理、法律について、当時、雇用が必須だった使用人への指示の し方など、さまざまな分野の知識が含まれ ています。

　古来女性たちは、家事全般のやり方、家庭料理のレシピを母から娘へ、口づてに伝承していきました。

　しかし、それが叶わない場合、どうなるでしょう。また、おもてなしが頻繁にあっ

た場合、メニューやレシピのレパートリーに苦労しないでしょうか？　なんだか、現代の私たち女性にも思い当たる節がありませんか？

そうです、この本は、かなり画期的なマルチ辞書なのです。現代の私たちにとってのインターネット検索サイト的な優れモノなのです。

しかし、ただの優れた辞書というだけではありません。そこには、編集者イザベラ・ビートンの個性と魅力が詰まっています。彼女の高い教養からくる、文学的な引用を用いた教訓は、現代の私たちの心にも大いに響きます。本書の中、あるいは最後のコラム集には、読者に向けた教訓的なアドバイスの一部を紹介しています。

『ビートン夫人の家政本』の優れた特徴・画期的な点

調理器具の紹介・揃えるべき食器のアドバイス

これは、これから家庭を持つ人には大いに役立ちました。そのため、この本は、結婚祝いに贈られることが多かったそうです。

珍しい食材、旬の食材

食に関して最も画期的だったのは、鉄道網の発達により様々な珍しい食材が手に入るようになったことです。この本は、それらの食材、旬の食材をわかりやすく大きな挿絵入りで紹介しています。

豊富なメニュー

なんといっても、豊富なメニューが魅力です。ポイントとしては、旬の食材を使ったメニューがあります。人数別のコース料理のモデルケースも多数掲載されています。また、ティータイム、食事などシーンによっても、分かりやすく月別にお勧めメニューが紹介されています。

紅茶

美味しい紅茶の淹れ方を書物にて紹介したのは彼女が最初といわれています。

郷土料理、ヨーロッパ・植民地文化の影響による料理

国内各地方の料理、お菓子のほか、インド、オーストラリア、アメリカ、さらにフランスなどヨーロッパ各国の料理もあります。

シーンに合わせたテーブルデコレーション

日常の一輪挿しから豪華なディナーのテーブルデコレーションまで、美しいカラーの挿絵も数点取り入れながら紹介しています。

本は数年ごとに改訂され、内容も更に充実。特にナプキンワークなどの図解が増えました。

ヴィクトリア時代の
中産階級家庭における
女主人の一日

　さあ、これからヴィクトリア時代の中産階級家庭の食生活を中心に、女主人の1日を覗いてみましょう。

　ある日の例です。

　朝のお祈りは7時45分。この家族は、毎朝と就寝前、毎日欠かさずお祈りを行っていたようです。

　その後、朝食。小さい子どもとナニーは子供部屋またはキッチンで食べていたようです。この時代は、中産階級でも子守りはナニーに任せていました。遅れて8時〜9

時頃、大人たちはメインダイニングルームで朝食をとるのでした。

　次に、昼食です。小さい子どもとナニーはまた早めに12時半頃に、そして大人たちは13時半頃だったといいます。

　さて、ここで女主人の毎日の午後の重要な日課、お勤めと言っても過言ではない、家庭招待会（アトホーム）を説明しましょう。招待者側が在宅の日時を知らせておき、お客様はその時間内の適当な時（午後〜夕刻）に訪問する短時間のお茶会です。実際

顔を合わせることがご近所付き合い、社交の意味を持ち、非常に大切な時間でした。

午後のティータイム、家族で楽しむファミリーティー（17時頃）も大切にしていました。夕食前ですが、軽いものから、ちょっとしたメニューのものまで、その日によってフーズも多様でした。小腹を満たすことも大切でしたが、一番は、家族の団らん、親子の交流にありました。

夕食は大体18時半頃。そして夕食の他にも夜遅い夕食（サパー）というものもありました。これは21時頃で、特別な時は

ダンスパーティーなども行われました。

就寝前のお祈りは22時。

その他、女主人は、家事はすべて使用人に任せていましたが、日中、慈善奉仕活動などを行ったりしていました。

当時の家庭は、4〜5回の食事またはお茶の時間を過ごしています。引き続きお読みいただくと、きっと当時のイギリス人の旺盛な食生活に驚くでしょう。しかし、当時の人々にとって、食事、お茶の時間とは決してお腹を満たすためだけではなかった

ことがよくわかります。

それは大切なコミュニケーションツールであり、レクリエーションの一つなのです。

これからご案内するのは、ヴィクトリア時代の女性、人々の暮らし、そして、こんな驚くようなものを食べていた、こんな美味しそうなものを食べていたのだという楽しい驚きをお届けしたいと思います。その中にはビートン夫人のためになるアドバイスもあります。是非ご覧ください。

Chapter 1

第一章

Mrs. Beeton's
Table Decoration

ビートン夫人の

テーブル

デコレーション

Open Apple Tart.

Galette.

Iced Pudding.

Apricot Fritters.

Pancakes & Apricot Jam.

Charlotte Russe.

Macaroni Cheese.

Cherry Tart.

Mince Pies.

Almond Puddings.

Tartlets.

Compote of Fruits.

Fruit Pudding.

Fruit Tart.

Christmas Plum Pudding.

Milk Pudding.

Roly-Poly Jam Pudding.

木洩れ日のティータイム
バターの香り
おしゃべりがはずむ

Mrs. Beeton's
Table
Decoration

午後のティーテーブル
の様子。向かって右側
に、ティーポットなどの
茶器があるのは、お茶
をサーヴする女主人の
座席を示しています。

芳しい紅茶と心を込めた
ティーフーズたち

　テーブルの上を見るとナイフが1本だけ
です。これは切る目的ではなく、バターを
塗っていただくティーケーキなどが多かっ
たため、先の丸いティーナイフが使われま
した。ティータイムは基本的に手でティー
フーズをいただくので、フォークは使いま
せん。

　ケーキはホールでテーブルにお出しし
て、ゲストの前でサーヴします。ゲストは
それぞれのお腹具合によって食べたい量が
違うためです。

午後のティータイム。アフタヌーンティーのテーブル。

午後のティータイムのティーカップ
は、女性らしい花柄が好まれまし
た。

『ビートン夫人の家
政本』では、一輪挿
しをテーブルのアク
セントとして上手
に使っています。

ヴィクトリア時代、ティーケーキにはバターを塗って食べ
ていました。

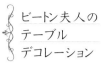

ビートン夫人の
テーブル
デコレーション

魅惑のダイニングルーム
紳士淑女の
ささやき

Mrs. Beeton's
Table
Decoration

ディナーテーブルの再
現。中央には高く花が
生けられ、ゴージャスな
雰囲気を演出していま
す。これがヴィクトリア
時代の特徴です。

素敵な食卓を提供するために
必要なものとは

　ゲストに素敵な食卓を提供するのに必要
なものとは、お金をかけて飾られたテーブ
ルではなく、正しいマナー、そして趣味の
良いセンスがあれば、良いのです。これさ
えあれば、人数の大小に関係なく失敗する
ことはないでしょう。

　これらを完璧なものにする唯一の方法
は、普段の食卓のしつらえをゲストのテー
ブルのものと特別に変えないことです。普
段使いのものよりも少し高価なものに変え
るだけで、実際はカトラリーやナプキンを
追加するだけで十分でしょう。友人を招く
ことは特別なことではないのです。

ほんのりとシェード越
しに灯るキャンドルが
ロマンティック。

テーブルにフルーツは欠かせません。

王冠のナプキンにはテーブルロールパンを忍ばせて。

ディナーには骨付きローストは欠かせません。

ヴィクトリア時代でも、シャルロットは人気のケーキでした。しかし、まだトッピングはフレッシュフルーツではありませんでした。

花開く
プディングたちの
饗宴

Mrs. Beeton's
Table
Decoration

しつらえられたディナーテーブルには、見事に並んだプディングがみてとれます。

ベリーをふんだんに使ったゼリーで一層目を固めます。その後、
牛乳と生クリームで濃厚なブランマンジェを作ります。

ディナーのあとを飾る
デザートたちの煌めき

　ヴィクトリア時代のイラストには、美し
いモールド（型）で作られたデコラティブ
なプディングがテーブルの上に所狭しと並
んでいる様子が描かれています。それは素
晴しく、当時のご馳走の豪華さが伺えます。

　ディナーのあとのデザート、プディング
は、テーブルの上で切り分けられ、ゼリー
やクリームは、その後に配られます。チー
ズはテーブルに置かれることは、ほとんど
ありませんが、パセリを添えたカットチー
ズの小皿やバターやビスケット、小さなパ
ンなどが、それぞれのゲストに一緒に手渡
されます。

クリスマスプディングはディナーの締めくくりに、温めたブランデーをかけ、火をつけ、フランベする青白い炎が幻想的。

実際のヴィクトリア時代のプディングモールド（型）を使って作ったもの。

プラムプディング。現在クリスマスに食べられることが多いためクリスマスプディングと呼ばれ、親しまれています。

27

テーブルに彩りを添える
フラワーアレンジのルール

『ビートン夫人の家政本』は細かい文字でびっしりと情報が書き記されています。しかしその中でも、ハッと目を奪われるのは素晴らしく美しいカラーで描かれたテーブルデコレーションのイラストでしょう。

　質素倹約を謳っている家政本ですが、パーティーなどでは装飾専門家に依頼するなどメリハリをつけています。それ以外では常日頃から自らの手で工夫をして花を飾ることを推奨しています。女主人として、テーブルを四季折々の花で飾ることほど魅力的な家事はないと述べています。

　ヴィクトリア時代にはテーブルデコレーションの技術も発達し、専門家によるデコレーションはより豪華に芸術的に飾ることができるようになりました。参考のイラスト（P30）をご覧になるとお分かりになるように、テーブル中央に大きな花のアレンジメントを中心に空中を渡るガーランドを配しています。テーブル側面にもグリーンのガーランドを這わせています。しかし、さすがにこれは、私たちが生活で真似するには少々無理があるかもしれません。

　それでは取り入れられるものは何か。小さな花瓶があったなら、ゲスト一人ひとりの前に置く、ウェルカムフラワーはいかがでしょう。可能であれば人数分の揃いの一輪挿しがあると見栄えも良いでしょう。

『ビートン夫人の家政本』を
参考に華やかにテーブルセン
ターに飾ったアレンジメン
ト。かなりオーバー気味で
すが、高さを強調しコンポー
ト2段に生け、更にトップに
一輪挿しを立たせました。

29

テーブルセンターの花を生ける場合、高さを出すのも素敵な演出です。そのためには、ガラスのコンポートを大小で重ね合わせるなど工夫すると高さと同時にボリュームも出るでしょう。最後に頂上の中央に背の高い一輪挿しがあると理想的です。華やかな、台地から伸び上がるラインと、その上にもパッと咲くように、生けてある花がテーブルを一気に豪華に演出してくれるでしょう（倒れないように必ずフローラルテープで固定してください）。

そして、更に豪華にテーブルを演出したい場合は、つる性のグリーンとテーブルに生けたものと同じ花を数本束ねたブーケを作り、テーブルの各角にピンでとめます。

花を用意する時間がなかった場合、さりげなくグリーン（シダ・ヤシ等）の演出も悪くはありません。必ず土を苔で覆ったり、小石を敷いたり、土の表面が見えない高さの美しいプランターでカバーをしましょう。大きな貝殻、シルバーや真鍮が理想ですが、近ごろは似たような素材の物も多いようで、それでも十分でしょう。

テーブルデコレーションは、ただ、飾り付けるだけではないという提案もあります。たとえばフィンガーボールです。ボールグラスに一輪挿しを立てます。花を生け、ボールに水を張ったなら、そこにはほんの少しのグリーンと花を浮かべます。これはディナーの時だけでなく、手でフーズをいただく、アフタヌーンティーの時にも役に立つこと間違いなしです。

『ビートン夫人の家政本』の中のフィンガーボウル。こんなエレガントな気配りができれば、かなりのおもてなし上級者でしょう。

単調なグリーンを飾る時の器にも、工夫を凝らすと素敵になります。

第二章

Mrs. Beeton's
Victorian Eating Habits

何を
食べていたか
みてみましょう

Roast Fowl.

Pheasant.

Game Pie with Jelly.

Shrimp Patties.

Oyster Patties.

Lobster Salad.

Savoury Jelly a la Bellevue.

Brawn.

Pigeon Pie

Galantine of Veal.

Russian Salad.

Crayfish.

Ham Garnished.

Tongue Garnished.

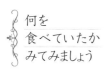
何を
食べていたか
みてみましょう

Breakfast

朝食

一日の元気の源は
朝食にあり

Mrs. Beeton's
Victorian
Eating Habits

マフィンディッシュを使っ
た朝食のテーブル。マフィ
ンディッシュの下にお湯を
張ることで、マフィンやクラ
ンペットを温かいままで提
供することができます。

Breakfast

朝食

INVALID COOKERY.

一人用のゲストテーブルコーディネートです。花を飾り丁寧なしつらえです。ヴィクトリア時代の朝食のパンはマフィンのことです。

ヴィクトリア時代、約150年前後昔の朝食は、何を食べていたのでしょうか？今回は、あくまで中産階級、そして『ビートン夫人の家政本』に掲載されていたものをご紹介致します。

ビートン夫人は1日の始まりの朝食はとても大切で、しっかり食べていれば、忙しい昼食時、1食飛ばしても大丈夫だと言っています。なるほど、現代の忙しいサラリーマンにも言えることかもしれませんね。

そしてまた、彼女は、主婦には耳の痛い忠告をしています。

毎日「ベーコン、卵」はマンネリメニューだと苦言しています。もっと魅力的な献立を考えるべきであると述べています。なにも、朝食のためにすべて新しいものを用意しなくても、前日の夜のおかずの残りの切れ端を使ってもよいのです。目に美しく盛り付けることが大切です。そして彼女は朝食には、新しいシミのないテーブルクロスをかけ、美しく花を飾

っていました。食べられていた例として、当時のメニューを右に記載します。

パンはマフィンディッシュで保温したままテーブルに運びます。マフィンディッシュには、陶器製やシルバー製などがあります。写真（右）のものは二重底になっており、下にお湯を入れ、内底を敷き、その上にパンやマフィンを乗せて蓋をするタイプです。

マフィンディッシュがない場合、ビートン夫人は、スープ皿にお湯を張り、その上にお皿を乗せて出せば、温かく提供できると言っています。その場合早く出し過ぎると意味がないので気を付けましょう。

また、トーストの場合、当然なのですが、焼いてから早く出し過ぎると、固くて食べられなくなるので要注意と言っています。まるでホテルマンのような気の配りようです。見習うべきところがたくさんありますね。

ヴィクトリア時代の朝食には、紅茶やコーヒーと一緒に、ホットチョコレート、ココアも準備され、とても人気がありました。

そして、ヴィクトリア時代の朝食の一種で「Hot nick-nacks」と呼ばれる右記にあるようなものをお皿に並べます。すべての料理には「Sippets ＝シペット」（トーストしたり揚げたりしたパンを好きな形に切ったもの）や、パセリ、ビートルート、クレソンで飾り付けをします。

マフィンディッシュ。

Menu
（hot nick-naps）

冷製骨付き肉

温製肉料理

ポット入り肉

パンに塗るパテ

ジビエパイ

魚の煮つけ

缶詰、ハム

サーディン、アンチョビ

揚げ物

クレソン、パセリ

ビートルート（根菜）

パン、シペット
（マフィンディッシュで温める）

トースト
（トーストラックに立てる）

マーマレード、バター、

コーヒー、紅茶、

チョコレート（ドリンク）、

ココア、ミルク

Luncheons

ランチョン

中産階級の食文化 ランチョン、 ディナーと七変化

Mrs. Beeton's
Victorian
Eating Habits

ヴィクトリア時代、ランチが一番豪華だったといわれる中産階級が、そのランチをディナーと呼んでいました。

　「ランチョン」というとどんなイメージがありますか？現在は「ランチ」よりもかしこまった意味で区別されていますが、この時代はそのような区別はありませんでした。

　ここで紹介するのは、『ビートン夫人の家政本』の中の12月の「ランチョン」に掲載されていたメニューです。イギリスでは1日のうち最もボリュームの多い食事を「正餐・ディナー」と呼んでいます。当時、中産階級では昼間に最も多く食べていたため、昼食を「正餐・ディナー」と呼ぶこともありました。

　右のメニュー例をご覧いただけば、かなりしっかりとコース仕立てで食べていることが分かります。

　夜、「ディナー」と呼ぶ時は来客のある、フォーマルな席の場合です。大変品数が多いメニューで、前菜からデザートまでのフルコースでした。因みに夕食の「ディナー」に似た「サパー」というのもあります。夜遅い時間の夕食を指し、時にはダンスパーティーも行われます。中産階級と言えど、大変華やかな夜の社交の時間があったわけです。

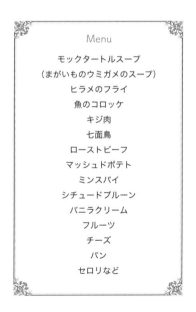

Menu

モックタートルスープ
（まがいものウミガメのスープ）
ヒラメのフライ
魚のコロッケ
キジ肉
七面鳥
ローストビーフ
マッシュドポテト
ミンスパイ
シチュードプルーン
バニラクリーム
フルーツ
チーズ
パン
セロリなど

ヴィクトリア時代、ウェディングケーキ入刀は花嫁1人が行うものでした。ある日、ケーキが硬くて切れず、新郎が手を貸したことから、いつしか2人で行うことになったそうです。

Wedding Teas

ウェディングティー

心づくしのおもてなし
新たな門出を祝う
ウェディング ティー

Mrs. Beeton's
Victorian
Eating Habits

　「ウェディングティー」素敵な響きですね。非常にロマンティックです。これは結婚披露宴のことを指します。「ティー」ということですが、軽食でゲストをおもてなしすることを意味します。

　現在、私たち多くの日本人が平均的に行っているホテルなどでのフルコースの食事つき着席タイプの披露宴（ウェディングブレックファストと呼ばれました）や実家で行う食事付き披露宴もありましたが、経費がかかることも

のセレモニーを一目見ようと、同じ時間に合わせて訪問するゲストが多かったため大変混雑し困ったと記述されていました。逆に言うと、特にスピーチもなくセレモニーもなく非常にシンプルな経済的な披露宴だったのです。

しかし、この披露宴「ウェディングティー」のメニューを見ると、軽食と言ってもやはりお祝いの席らしく食材は豪華なものを使用しているのがわかります。

『ビートン夫人の家政本』には季節違いのメニュー、夏と冬バージョンがテーブルの配置図付きで詳細に記載されています。

夏は、サーモン、キューカンバー、チキン＆ハムのサンドイッチ、サラダ、冬は、フォアグラ、ジビエ、キャビア、七面鳥＆牛タン、フルーツ、ウェディングケーキ、ペイストリー、各種ケーキ多数。

アルコール類も季節によって変えられ、大変気を遣っています。そして、夏には2種類のアイスクリームも用意されました。この時代はアイスクリームも、とても人気がありました。様々なフレーバーがあったのです。『ビートン夫人の家政本』では、フルーツのものが多く、当時高級だったパイナップルのアイスクリームのレシピもありました。

軽食と言っても、結婚を報告し、お世話になった方をおもてなししたいという気持ちが細部に感じられる披露宴、それが「ウェディングティー」です。

ありオールドファッションタイプとなり、実家で行う軽食でもてなすウェディングティータイプに変化していきました。

そして、披露宴に出席したいという希望者が多いことから新しいパターンとして、日にちだけを決めて、時間内を自由に訪問するタイプのウェディングティーも登場しました。これは新郎新婦の新居で行われ、ゲストの訪問時間は自由でしたが、花嫁がケーキを切り、最初に挨拶をすることになっていたため、そ

アトホームティーは近隣の主婦の顔合わせ、短時間のお話が目的だったため、お茶菓子をたくさん食べたり、長居をするのは失礼とされました。

At Home Tea

アトホームティー

人との繋がりを大切に
午後のお茶会
アトホームティー

　これは、午後のお茶会のことを指します。

　今でいう「アフタヌーンティー」とでもいうのでしょうか。ただ、このアトホームティーという午後のお茶会は2種類の意味合いがありました。

　女主人が近隣の主婦との交流のために、毎週複数日の訪問日と大体の訪問時間を招

待者側が決め、それを予め知らせておき、お客様はその時間帯はいつでも訪問してもよいというものでした。その代わり、複数軒を回るため非常に短時間の滞在なので、ティーカップも小さめで、ティーフーズの取り皿も配られません。食べるというよりも、実際に集まって顔を合わせて、お話をすることに大きな意味があるのです。

　ゲストにお茶を振る舞うのはあくまでも女主人の役目です。茶道具はメイドによってシルバートレイの上に準備され、お湯は、シルバーまたは陶器で出来たケトルで、手元で沸かされました。これならすぐに温かいお湯がサーヴできます。

　さて、何が振る舞われたかというと、バター付きの薄いパン、指でつまめるケーキ、時には新鮮なフルーツも並べられました。

　アトホームティーで食べられた指でつまめるケーキには、例えばレモンピールやオレンジピールの入ったパウンドケーキのマデラケー

キやアーモンドスポンジなどもあったようでした。特に決まったものはなかったようでしたが、皆さんがお招きするならコーヒーケーキはいかがでしょう？　手が汚れず、簡単に手に取って食べられるシンプルなものなのでうってつけです。次の章では、家政本から大変美味しいコーヒーケーキのレシピを掲載しました（P62）。是非、作ってみてください。

　もう一つのアトホームティーは、一般的に広く行われている、午後の大規模なおもてなしお茶会です。

　ビートン夫人は一人でも多くの知人を必要としている女主人には、集まって頂く良い機会だと述べています。お茶会には余興を行います。ドローイングルームで行われましたが、この部屋では飲食はしません。余興と飲食は別な部屋でした。

　余興の人気プログラムはピアノ演奏で、プロフェッショナルの演奏家に依頼することが基本で、新聞には演奏家の仕事求人広告がたくさん掲載されていたそうです。

　ビートン夫人は忠告します。「女主人は、たとえ自分が音楽家であっても、ゲストを迎えて世話をするのが忙しいため、最初の歌を歌ったり、最初の曲を弾いたりしない限り、ゲストとの会話を大切にしましょう」と述べています。また、ピアノ、歌、独唱などの全てにおいて、このような場で選ぶ楽曲は、長いものは避けるべきです。

　催しの間の休憩は十分にとること、人々は音楽のためにというよりも、友人に会っておしゃべりをするためにこのような催しに行くのです。

　また、アトホームな雰囲気の中で自己紹介するのはルールではありませんが、必要であれば構いません。

　それではお食事の形態を見てみましょう。

　ダイニングルームのビュッフェ形式です。余興が行われるドローイングルームでは飲食はしないので、演奏の間、または帰る前に寄って食べて頂くのでした。演奏の間の休憩時間を長めにとることを気遣うビートン夫人。ゲスト同士がサンドイッチなどの軽食も取りつつ、お茶やワインを飲みながら、ゆっくり会話が出来る時間を作る気配りは流石です。

アフタヌーンティーに使われた折りたたみ
サイドティーテーブル。

High Tea
ハイティー

ハイティーの「ティー」とは
お茶ではなく
「食事」を指すのです

Mrs. Beeton's
Victorian
Eating Habits

イギリス人はお茶の時間が大好きです。1日に何度も紅茶を飲む習慣があります。しかし、この時代の「ティー」とは「食事」を意味します。中産階級では、「ハイティー」は夕食時間のことを言います。もちろん紅茶も飲みますが、お肉もお魚も、デザートもたっぷりいただくのです。

暑い夏には冷たいものをということで、ロブスターサラダ、キューカンバーサラダ、冷たい雉肉、アイスクリームなど、そして、温かいピジョンパイと味覚のバランスを考

えています。逆に冬は、リッソール（揚げたハンバーグのようなもの）や仔牛肉のパイが熱々で出されます。

季節を意識した献立は、家計のお財布に

優しいだけでなく、家族の健康にも優しい。
この気配りを忘れてはいけません。季節の
素材を生かした料理を囲み、そこから話題
が弾み、皆が笑顔になるのです。

ハイティーとは夕食のことを
指します。季節を意識した
献立は家計に優しいだけで
なく、家族の健康にも優しい
とうたっています。旬の素材
は美味しくて、お手頃の値
段というわけです。

45

Family Teas

ファミリーティー

子ども大人も
家族が集う寛ぎの時間。
ファミリーティーのひととき

Mrs. Beeton's
Victorian
Eating Habits

　午後のお茶の時間、アトホームティーが社交のためのアフタヌーンティーなら、この時間は、大変プライベートなお茶の時間で、「ファミリーティー」と呼んでいました。これは18時から19時ごろで、老若男女問わず、夕食の前に楽しんでいました。

　この時間には、紅茶、コーヒーと共に、バター付きのパン、トースト、ティーケーキ、ケーキ、サーディン、パテ、フルーツがよく出ます。夏には涼しげにクレソンやラディッシュが添えられました。

　時に大人はワインにケーキ、ビールにパンとチーズを楽しみましたが、次に続くのがボールサパー（舞踏会）だった場合には、あまり食べないように調整していました。

　食べることよりも集うことが目的、家族一緒のお茶の時間を大切にしていたのです。

　『ビートン夫人の家政本』は、このお茶の時間のことを「非常にフェミニンな時間」と表現しています。素敵な表現です。家族が集い、笑い、お茶を飲んでいる姿に優雅な時が流れている光景が浮かんできます。

バター付きのパンやフルーツなど、軽く食べるだけで、年齢に関係なく家族がおしゃべりをする目的の寛ぎの時間です。

ボールサパーでもっとも気を
付けるのはテーブルデコレー
ションの色合い。フーズがカ
ラフルになるため、花ではな
く、シダなどのグリーンにする
と良いでしょう。

Suppers

サパー

主婦の腕の見せどころ
サパーの食卓。
家族思いはリメイク上手

Mrs. Beeton's
Victorian
Eating Habits

「サパー」とはおおよそ21時ごろにいただく夜遅い家族の夕食という意味と、お客様を招いてのダンスパーティーなどが行われる時間という二つの違った意味を持ちます。但し両方ともに、夜遅いため、「消化不良を起こさないように、健康のため」という名目で、あっさり、さっぱりした、魚や冷製ものが多いのが特徴です。食べることよりも団らん、会話、交流を目的にしているのでしょう。

メニューは調理に手間をかけず、作り置き、お昼のリメイクですませるという、非常に合理的なものです。まず家族団らんの「ファミリーサパー」の一例です。

「冷えてしまった魚から作ったリメイク・フィッシュパイ＆ポテト、コールドミート、サラダ、ディナーの残りのお肉、フルーツ、チーズ＆バター」

残り物リメイクというところが、とても親近感を与えてくれます。確かに料理を作れば少なからず、残り物も出てくるわけです。それを上手にリメイクするのも主婦の腕の見せどころです。

次にお客様を招いたボールサパー、舞踏会のお話です。これはビュッフェスタイルになっています。

「キャビア、サーディンアンチョビなどのサンドイッチ、サラダ、マデラケーキ、ヴィクトリアサンドイッチケーキ、フルーツ、紅茶、コーヒー、シャンパン、赤・白ワイン、ポートワイン、シェリー酒ほか」

パーティーのメニューは、基本、サンドイッチ、ケーキ、フルーツ、ドリンクです。『ビートン夫人の家政本』が、実はこの食事で、何よりも重要視しているのはテーブルコーディネートです。「パーティーのテーブルは色彩の対比がポイント。舞踏会の晩餐はセンスが要求されます。アスピックゼリーや装飾されたピックなどを使って、できるだけ美しく盛り付けすること。フルーツやケーキ類は色があるため、色彩を対比させるように、シダやヤシの木だけにするとよいでしょう」とアドバイスしています。

ピクニックは最も楽しい娯
楽の一つだと、ビートン夫
人は述べています。外でい
ただくランチにしては、とて
も豪華なメニューです。肉も
サラダもデザート
もコース料理のようです。

Picnic

ピクニック

吹く風も爽やかな
芝生のティータイム

Mrs. Beeton's
Victorian
Eating Habits

　産業革命により工業の発展による石炭使用
の増加で空気が汚染され、ロンドンでは時
折、スモッグに悩まされました。そこで人々は
週末になると、少しでも緑の多い、空気の良
い環境を求めて、郊外へピクニックに行くこ
とが盛んになり、ブームとなりました。

　ピクニックは大勢で出かけることが多かっ
たため、トラブルのないよう、ビートン夫人
はピクニック成功の秘訣をアドバイスしていま
す。

　1. 人選、人数をよく考えること。

　2. 持ち寄りにするため、必ず担当者を決め
ること。

　3. 持ち物チェックリストを作ること。

　例えば、ワインがあるのにコルク抜きがな
い、サラダがあるのにドレッシングがない、
料理があるのにソースがない。そうやって必
ず、当日忘れ物が出てくる。だからこそリスト
が大切なのだというのです。因みに、忘れ物

豊富で豪華なのです。ここでは、メニューの一例を取り上げてみます。

　ソース類を入れて20種類もありました。これにワイン、ビール、ソーダ、レモネード、水、カトラリー、テーブルクロス、グラス、プレート、調味料、コルク抜きなどが加わります。食器はすべて陶器です。野外でも屋内と変わらない、まるで引越ししたようなピクニックです。

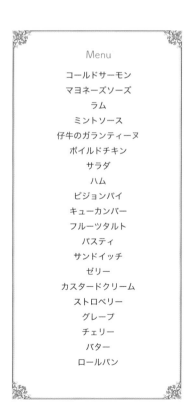

Menu

コールドサーモン
マヨネーズソース
ラム
ミントソース
仔牛のガランティーヌ
ボイルドチキン
サラダ
ハム
ピジョンパイ
キューカンバー
フルーツタルト
パスティ
サンドイッチ
ゼリー
カスタードクリーム
ストロベリー
グレープ
チェリー
バター
ロールパン

　ベストスリーはパン、塩、コルク抜きだそう。こういった忘れ物防止リストは、ピクニックにとどまらず、何にでも当てはまることですね。

　さて、何故そんなに「リスト」を作らなければいけないほどなのでしょう？　当時のピクニックのメニューを調べてみて驚き、納得しました。20人でのピクニック、ランチョンを行っていました。そしてメニューの数がかなり

Egg & Chutney
Sandwiches
エッグ＆チャツネサンドイッチ

スイート＆スパイシーなエッグ＆チャツネサンドイッチ。チャツネさえ作っておけば簡単です。汁気が出ないので、ピクニックにぴったり。

青空の下で過ごす
ピクニックに最適な
お手軽&美味なサンドイッチ

Mrs. Beeton's
Victorian
Eating Habits

チャツネを入れたサンドイッチというとコロ
ネーションチキンサンドイッチがあります。し
かし、このサンドイッチは、文字通りいたっ
てシンプル。材料は卵とチャツネ、バターの
みです。

チャツネは、P55 に記した「ビートンのアッ
プルチャツネ」を作って頂くことをお勧めしま
す。通常皆さんが購入されるフルーツチャツ
ネは、甘くなりすぎてしまうからです。フルー
ティーなものをお使いになる場合は少量にし
て加減してみてください。

このサンドイッチの味の狙いは「スイート&
スパイシー」。ポイントは、ビートンのアップ
ルチャツネには、既にカイエンペッパーがた
くさん入っているため、甘い卵と合わせたら、
後味がピリッとなること。でも、あくまでも、
主役は「甘さ」。食べていてこの懐かしさは何
だろうと思ったら、まるでとんかつソースのよ
うな濃厚さ。ソース好きな方ならきっとお気
に召すこと、間違いないと思います。

また、たまごサンドイッチ好きの方にも是非
とも、バリエーションに加えて頂きたい。きっ
と、ビートン夫人、そして 19 世紀を身近に
感じると思います。

Recipe

【材料】（4人分）

かたゆで卵	3個
チャツネ	適量
バター	適量
白またはブラウン食パン	4枚
(8枚切り)	
カイエンペッパー	適量

【作り方】

① 卵を固ゆでにし、黄身と白身を分け
る。白身は細かく刻み、黄身はへら
で潰し、チャツネを少しずつ加え、
しっとりしたペースト状になるまで
混ぜる（フードプロセッサーでもよ
い）。

② 薄切りのパンにバターを塗り、その
うち2枚に黄身のペーストを塗る。
ここで、あまり辛味のないチャツネ
を使った場合は、カイエンペッパー
を少量振る。その上に刻んだ白身を
のせる。

③ パンをもう1枚をかぶせ、よくプレ
スする。好みの大きさにカットする。

異国からやってきた
チャッツネがもたらす
新たな料理の世界

Mrs .Beeton's
Victorian
Eating Habits

シードルビネガーは1日大
さじ1杯摂取すると、肌荒
れ予防、疲労回復、腸内
環境改善にもおすすめで
す。

Apple Chutney
アップルチャツネ

最近日本でも知られるようになってきたチャツネ。カレーはもとより、コロネーションチキンサンドイッチには欠かせない調味料です。

チャツネとはインドの調味料で、語源はヒンディー語の「舐める」という意味。インドでは右手の指で混ぜながら食事をします。その際、チャツネを指に付けて一緒に舐めて食べることから、そう言われるようになりました。ご飯のお供とでもいうのでしょうか。

インドのチャツネは、マンゴーやハーブ、香辛料、唐辛子やショウガ、マスタードシードなどを効かせた辛いものが多いのですが、1600年代以降、イギリスやフランスへ伝わるとマンゴーやリンゴ、桃、レーズンなどの果物に酢、砂糖、香辛料を加えて煮込み、甘く仕上げたものが多く作られ、現在のように定着していきました。

さて、ここで『ビートン夫人の家政本』の中のアップルチャツネのレシピの紹介です。このレシピはとてもスパイシー。途中で味見をしようものなら、舌がひりひりするくらいカイエンペッパーが入っています。

あくまでもチャツネは、単独で食べるものではなく、何かと合わせてアクセントとして戴くため、ある程度、味にメリハリがなくてはならないのですが、日本人ですから、レシピは加減して控えめに掲載しました。カイエンペッパーはお好みで、増減してみてください。

本来ならばマスタードシードを使うのですが、手に入りやすい粒マスタードで代用しました。ビートンのレシピには、クッキングアップルの指定はありません。リンゴを煮詰めた際、とろけ具合、水分量に応じて酢の分量も調節してください。

Menu

【材料】

リンゴ（大）……………………　1個
ブラウンシュガー………………150g
サルタナ（レーズン可）………100g
塩……………………………　小さじ1
マスタード（粒マスタード可）小さじ1
ショウガすりおろし………　小さじ1
ニンニクすりおろし………　小さじ1
カイエンペッパー………………　少々
シードルビネガー（りんご酢可）150ml

【作り方】

① リンゴは皮をむき、みじん切り。サルタナも粗いみじん切りにしておきます。
② 深い鍋にビネガーとブラウンシュガーを入れ溶けたら、リンゴ、他の材料全て入れる。
③ リンゴが柔らかくなり、更に水分がなくなるまで煮詰める。
④ 粗熱がとれたら清潔な消毒した保存瓶などに詰める。
＊ カイエンペッパーは好みで加減すること。入れ過ぎに注意。

第三章

Mrs. Beeton's
Sweets & Puddings

スイーツ＆
プディング
レシピ集

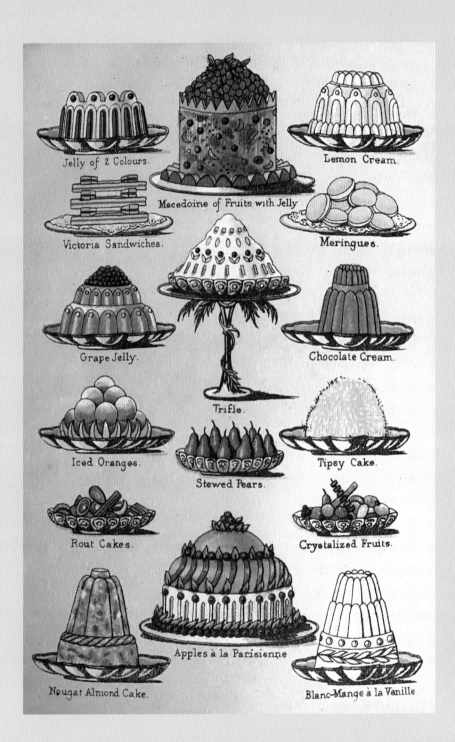

Jelly of 2 Colours.

Macedoine of Fruits with Jelly

Lemon Cream.

Victoria Sandwiches.

Meringues.

Grape Jelly.

Chocolate Cream.

Trifle.

Iced Oranges.

Stewed Pears.

Tipsy Cake.

Rout Cakes.

Crystalized Fruits.

Nougat Almond Cake.

Apples à la Parisienne

Blanc-Mange à la Vanille.

Victoria Sandwich

ヴィクトリアサンドイッチ

ヴィクトリア女王お気に入り
午後のお茶会と
ルビー色のジャムのケーキ

Mrs. Beeton's
Sweets &
Puddings

　雪のようなトッピングの粉糖と赤いジャムが美しく、癖になる美味しさのヴィクトリアサンドイッチ。現在は、バタークリームにラズベリージャムが主流ですが、もともとは、ジャムのみがシンプルに塗られ、スポンジ本来の素朴さが味わえるケーキでした。

　イギリスでは、どこのティールームでも上位の人気を占め、国民全員に愛されるケーキと言えるでしょう。そしてこのケーキは1861年ヴィクトリア女王が愛する夫アルバート公を亡くした失意の時に慰めになったケーキとして、大変有名なケーキでもあります。

　アルバート公が亡くなってから20年後には、ワイト島のオズボーン・ハウスの芝生のテントで、女王が定期的にティータイムを楽

しむ様子が新聞に掲載され、ウィンザー城からお茶菓子が運ばれる様子が報告されています。アフタヌーンティーを楽しまれているその様子は中産階級のアフタヌーンティーの習慣に大きな影響を与えました。

　さて、上の写真をご覧になって不思議にお思いになった方もいらっしゃると思います。

　このケーキ、円形でなく四角、しかも棒状

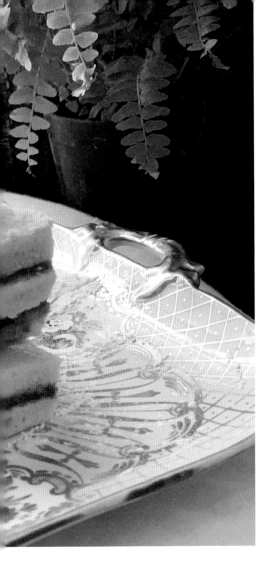

Recipe

【材料】（15 × 25cm角型 2 台分）

中力粉······························ 125g
バター······························ 125g
グラニュー糖························ 125g
卵····················· 125g（約 2 個）
ラズベリージャム·················· 100g
粉糖······························ 適量

【準備】

・オーブン余熱 180℃。
・型に紙を敷いておく。
・バターは室温に戻す。
・粉は振るっておく。

【作り方】

① ボウルにバターを入れ柔らかくなる
　 まで混ぜる。
② ①に中力粉を加えて、粉っぽさがな
　 くなるまで、混ぜる。
③ 別のボウルに卵とグラニュー糖をよ
　 く掻き混ぜ、ざらつきがなくなるま
　 でよく混ぜる。
④ ③を②に 3 ～ 4 回に分けて加えて
　 混ぜる。型に流し入れる。
⑤ 170℃で 15 分焼く。
⑥ ラックで冷ます。
⑦ 冷めたら、紙をはがし、1 枚にジャ
　 ムを塗る。もう 1 枚を重ねる。
⑧ 3cm幅を 5 本切り、更にそれを半分
　 の長さ 12.5cmに切る。
⑨ 一番下に 3 本敷く、その上に 2 本
　 ずつ置き、交互に組んで、3段積む。
⑩ 2 組出来上がる。仕上げに粉糖を振
　 る。

に積み上げています。そうです、ヴィクトリア
時代は、大勢の人が集まるときや、チャリティ
ー・ティーなどのときには、このような形に
カットし積み上げてお出ししていました。次々
と手に取りやすいのではないのでしょうか。
　今回は四角い薄いケーキ型のヴィクトリア
時代当時のレシピ（フラワーバッター法）を
ご紹介します。

Tea Cake
ティーケーキ

アフタヌーンティーの
はじまりは
このティーケーキから

Mrs. Beeton's
Sweets &
Puddings

　今や、イギリスと言えばそう、紅茶の次に連想されるのはアフタヌーンティーではないでしょうか？　実はこのティーケーキ、アフタヌーンティー誕生に深く関わりがあります。

　これがケーキ？　きっとどなたも、そう思われるでしょう。ただのブドウパンにしか見えない、丸いバンズ。アフタヌーンティーの始まりは、皆さんが現在楽しまれているような、スコーンやケーキ、たくさんのペイストリーではありませんでした。

　最初にアフタヌーンティーを始めたのは、1841年ヴィクトリア女王の女官を務めていた、第7代ベッドフォード公爵夫人アンナ・マリアだといわれています。彼女が空腹に耐えられず、ウォーバンアビーの館で、もってこさせたものが「バター付きのパンと紅茶」、それがティーケーキのことだったのです。

　その後、午後3時のお茶の時間が気に入り、習慣となっていきました。そして、その習慣は貴族のご婦人方へと広まり、現在のサンドイッチや、ペイストリーなどのフィンガーフードがあるアフタヌーンティーの形に進化していったのです。

Recipe

【材料】（7 個分）

強力粉	300g
バター	40g
卵	20g
イースト	5 g
グラニュー糖	30g
塩	0.5g
カランツ	75g
牛乳	85ml

【準備】

・強力粉を振るっておく。
・バターを室温に戻す。
・レンジで牛乳を温めておく。

【作り方】

① ボウルに粉、塩をよく混ぜ、くぼみ
　を作る。
② イースト、温めた牛乳、卵を入れ、
　よく混ぜる。カランツも入れる。
③ ボウルの中で、粉っぽさがなくなる
　まで、よくまとめる。
④ 板の上に生地を出す。バターを包む。
　たたきつけ、折るを繰り返す。
⑤ 2 つに割いて伸ばし、薄い膜が張る
　様な状態が捏ねあがりとなる。
⑥ ボウルにラップをして、一次発酵。
　28℃のところで 60 分置く。
⑦ 中央に指を刺し、ガス抜きする。
⑧ 7 等分、1 個 40 ｇに分け、包むよ
　うに丸める。
⑨ ベンチタイム。二次発酵。クッキン
　グシートの上に並べ、濡らした布き
　んをかけ 10 分おく。
⑩ 180℃で 25 分焼く。

　ヴィクトリア時代、このティーケーキは中産
階級の間でも、午後のお茶の時間や軽食とし
て、食べられていました。トーストし、バター
を塗って食べるのが、美味しい食べ方。本当
に素朴な味のパン菓子ですが、飽きのこない
紅茶によくあう、おやつパンです。

Coffee Cake
コーヒーケーキ

コーヒーとスパイス。魔法のレシピが作り出すエキゾチックな味わい

Mrs. Beeton's
Sweets &
Puddings

紅茶の国イギリスといわれますが、古くから、コーヒーは愛飲されてきました。特に朝食時に飲むのは、昨今変わらないようで、ヴィクトリア時代でも朝食時は、コーヒー、紅茶、ココア、ホットチョコレートと飲み物の種類は充実していました。

今回ご紹介する、コーヒーケーキは素晴らしい材料の組み合わせです。白砂糖でなく、ブラウンシュガー、ゴールデンシロップでコクを出し、カランツ、サルタナレーズンをたっぷり、そしてなんといっても、3つのスパイス、クローブ、ナツメグ、シナモンがコーヒーと一緒になることで、エキゾチックさが醸し出されているのです。

エキゾチックと言えば、17世紀ロンバート通り、ジョージヤードにロンドン最初のコーヒーハウスを設立したのはトルコの商人、ダニエル・エドワーズの使用人であったギリシャ人だったそうです。コーヒーハウスとは男性のみが入れる、コーヒーを飲みながら政治、経済・芸術と様々な話題について討論を楽しむことが出来る社交場のような場所でした。きっと異国についての話題も沢山討論されたのでしょう。

コーヒーとは魅惑の飲み物。ケーキに使えば、たちまちこのケーキも紅茶のお供人気ナンバーワンになるかもしれません。

Recipe

【材料】（15 × 15㎝四角型）

バター	40g
ラード	40g
ブラウンシュガー	60g
ゴールデンシロップ	60g
カランツ	70g
サルタナ	70g
小麦粉	115g
重曹	2g
卵	1個
ナツメグ	1g
クローブ	1g
シナモン	1g
濃い目の冷たいコーヒー	80ml

（インスタントコーヒー小さじ2）

【準備】

・オーブン予熱180℃。
・型に紙を敷く。
・バター、卵を室温に戻す。
・粉類を振っておく。

【作り方】

① バターとラードにブラウンシュガーを加え、ふんわりするまで混ぜる。
② 溶いた卵を少量ずつ入れ、分離しないように良く混ぜ馴染ませる。
③ ゴールデンシロップを加える。
④ 濃い目のコーヒーを加える。
⑤ 振るった粉類を入れ、レーズン類を半量加えゴムベラでさっくりと混ぜる。
⑥ 粉類をまぶすように更に残りのレーズン類を入れる。
⑦ 型に生地を入れ、表面をならす。オーブンを170℃に下げ45～60分焼く。

Almond Flowers

アーモンドフラワー

春の妖精がやってくる。
香ばしいナッツの
可憐なお菓子

Mrs. Beeton's
Sweets &
Puddings

そのネーミングの響きの良さにひかれて、再現することに決めましたが、いざ、レシピを読み進めるとパフペイストリー（パイ生地）を使っているのでどうやら、パイのようなのですが、一読しただけではフラワーの全貌がわからないのです。挿絵があるわけではありませんから、頭をひねりながら考えました。

直径約5cmの円形に抜いたパイ生地と、更に中央に1.5cmの小さな円形のパイ生地を卵白で張り合わせ重ねます。その外側にスライスアーモンドを花びらに見立てて、ぐるりと一周飾ると、たしかに「アーモンドフラワー」になるではありませんか。そして、オーブンで15分〜20分焼いて、仕上げには、花の中央にストロベリージャムを流しこみ、粉糖を振ったら、なんともキュートなお花の出来上がりです。可憐な一口サイズの花がいくつも並ぶと、蝶々がふわりと舞い降りるそん

思えないセンスの素晴らしさです。特別なお
もてなしのデザートだったのでしょう。

　当時食後のデザートに、こんな素敵なお
菓子が出されたら、きっと大きな歓声があが
ったこと間違いないですね。

Recipe

【材料】（12個分／5cm丸形）

冷凍パイシート……………………	300 g
アーモンドスライス………………	30 g
卵白………………………………	1個分
ストロベリージャム………………	適量
粉糖………………………………	適量

【作り方】

① 冷凍パイシートを伸ばし、丸5cmの
　型抜きをする。
② さらに小さめの丸カッターで1.5cm
　の大きさのピースを作る。
③ 大きい方は卵白を塗り、小さい方は
　大きい円の中心に1つずつ乗せる。
④ アーモンドを中心の円に向かって斜
　めに押し込む。花弁になるように一
　周貼り付ける。
⑤ 完成したら粉糖を振りかけて、
　200℃で20分ほど焼く。
⑥ ラックで冷ます。
⑦ 粉糖を振る。中心には少量のストロ
　ベリージャムを置く。

な光景が目に浮かぶのです。

　今回実際作ってみて焼きたてをほおばって
みると、アーモンドがカリっと香ばしく、イギ
リス菓子にない新鮮な食感です。ルックスも
とてもお洒落で100年以上も前のレシピとは

ピンクスポンジをココア味に
したい場合は、粉類を合わせ
た15％（この場合20g）に置
き換えます。

Battenberg Cake
& Almond Paste

バッテンバーグケーキ＆アーモンドペースト

二色の美しいコントラスト
それはまるで教会の
ステンドグラスの窓のよう

Mrs. Beeton's
Sweets &
Puddings

アーモンドペーストで覆われたスポンジケ
ーキが交互に並ぶ、イギリス菓子の中ではア
イドル的な存在で根強い人気の伝統的ケー
キ、バッテンバーグ。このケーキには様々な
物語があります。

元々はココアとバニラ味の二色のケーキだ
ったため、ドミノケーキとも呼ばれており、イ
ギリスの食卓研究家、アイヴァン・デイ氏によ
ると、初期のバッテンバーグは 25 ものパー

ツで出来ていたそうです。その後簡略化され、9等分になっていったといわれています。

北イングランドではチャペルケーキ、チャーチケーキと呼ばれ、後にピンク色のケーキが登場した際、その美しさがステンドグラスの窓を連想させたのでしょう。

このケーキで最も有名な逸話は、その起源が1884年、バッテンブルク公ルイとヴィクトリア女王の孫娘ヴィクトリア王女との結婚式を祝うために作られたといわれていることです。但し、その話を実証するものは特に残っていないということです。

茶色いケーキの多いイギリス菓子の中で、カラフルで目を引くバッテンバーグケーキ。現在は、ピンク、バニラ以外にもオレンジ、グリーンなどさらに色とりどりのバリエーションがあります。好き嫌いは分かれるところですが、やはりここぞという時には、作りたいものです。25のパーツのドミノケーキは無理でも、ロマンティックなチャペルケーキなら作ることは可能でしょう。工作をする感覚で、あなたも挑戦しませんか？

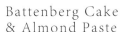

Battenberg Cake
& Almond Paste

【材料】（15 × 15cm角型 1 台）

＜ピンクとバニラスポンジケーキ＞
薄力粉……………………………… 100g
アーモンドプードル……………… 30g
ベーキングパウダー………………… 5g
塩……………………………………… 2g
卵…………………………………… 2 個
グラニュー糖……………………… 145g
バター……………………………… 145g
食紅…………………………………… 適量
組立用アプリコットジャム………… 適量

【準備】
・型に紙を敷く。
・バター、卵を常温に戻す。
・粉類、塩を合わせて振るっておく。
・オーブン余熱 180℃。

【作り方】
① バターに砂糖を加え、白っぽくふんわ
　りするまで混ぜる。
② 溶いた卵を少量ずつ入れ、分離しない
　ようにその都度良く混ぜ、粉類半量を
　入れ混ぜる。
③ 残りの粉類の半量と卵を入れて、よく
　馴染ませる。
④ 出来た生地の半量を食紅でピンク色に
　する。
⑤ 紙を敷いた型に生地を流し、表面をな
　らし内側を少しくぼませる。
⑥ オーブン 170℃約で 25 〜 30 分焼く
　（オーブンによって異なる）
⑦ ケーキを数分間型に入れたままにして
　おく。ワイヤーラックに移し、紙をは
　がす。そのまま完全に冷ます。
⑧ バッテンバーグを仕上げるために、ケー
　キを縦に 2.5cm角に切る。切り落とし
　6 本とも同じ大きさになるように、端
　や丸みのある部分は切り落とす。
⑨ ピンクとバニラを交互に並べ、ケーキ
　が接する部分にジャムを塗り、軽く押
　さえる。もう 1 つを作る。

⑩ マジパンをケーキと同じ長さの長方形
　に薄くのばし、包める幅にする。
⑪ 伸ばしたマジパンの中央に 4 つに組ん
　だケーキを乗せ、外側にも、ジャムを
　塗る。
⑫ マジパンを包み閉じ余分なマジパンは
　切り落とす。表演にナイフでクロスの
　模様をつける。

＜アーモンドペーストの作り方＞
15cm角バッテンバーグ 1 台分用（マジパ
ンの代用品として使用）。ケーキのカバー
やデコレーション、アイシングの前の下地
としてお使いいただけます。

【材料】
グラニュー糖……………………………100 g
粉糖……………………………………… 100g
アーモンドプードル………………… 225g
レモン果汁　…………………………… 5 ml
アーモンドエッセンス……………………数滴
卵…………………………………………… 1 個

【作り方】
① アーモンドプードル、グラニュー糖、
　粉糖を粗いふるいにかけてボウルに入
　れる。
② レモン果汁、アーモンドエッセンスを
　加え、卵を加えて十分に混ぜ合わせる。
　指先で軽くこね、なめらかにする。
③ ラップで包み、乾燥しないようにホイ
　ルかビニール袋で包む。必要な時まで
　涼しい場所で保存する。

＊ 今回はマジパンではなく、簡単なアー
　モンドペーストをご紹介しました。生
　の卵を使用しているためその日のうち
　にお召し上がりください。

Apple & Ginger Cake

アップル＆ジンジャーケーキ

ベルベットのようなリッチさと
ザクザクとしたワイルド感。
りんごと生姜の食感を楽しむ

Mrs. Beeton's
Sweets &
Puddings

しっとりさせたい場合は、グ
ラニュー糖ではなく、上白
糖を使うと良いでしょう。但
し、焦げやすい欠点があり
ます。

『ビートン夫人の家政本』の中にはジンジ
ャー（生姜）をたくさん使ったお菓子はあり
ますが、こんなにしっとりしたものに出会った
ことはありませんでした。りんごとの相性抜
群です。家政本にはこのケーキを作る際はク
ッキングアップルでなければいけないという指
示はありませんでした。

　クッキングアップルとは、イギリスでは馴染
みのある、料理用の非常に酸味の強いりんご
です。ヨーロッパの最も有名品種ブラムリー

が、最近は、日本でも長野県小布施町産な
どを筆頭に手に入るようになりました。しか
しこのレシピは、りんごをピューレにするの
で、荷崩れしやすく甘味が強い「サンつがる」
でも十分可能です。

　生姜の砂糖漬けがシャキシャキとアクセン
トになっているのも魅力的。自家製生姜の砂
糖漬けを作っておくと、何かとお菓子作りに
便利です。ちょっと面倒ですが、お勧めします。

リンゴのピューレの作り方
リンゴ1個の皮をむき、適当な大きさに切る。鍋に入れる。少なめの水で中火で煮る。やわらかく煮えたらマッシャーでつぶします（フードプロセッサー可）。

Recipe

【材料】（18cm丸型１台分）

薄力粉	175g
バター	100g
上白糖	150g
卵	2個
塩	1g
重曹	小さじ 1/2
ベーキングパウダー	小さじ１
ジンジャーパウダー	小さじ１
リンゴピューレ（リンゴ約２個分）	250g
生姜砂糖漬けみじん切り	100g
（アイシング）	
粉糖	100g
レモン汁	大さじ２
水	少々
（トッピング）	
生姜砂糖漬け	少々

【準備】

- 型に紙を敷く。
- バターと卵を室温に戻す。
- オーブン余熱170℃。
- 薄力粉、重曹、ベーキングパウダー、塩、ジンジャーパウダーを混ぜ、振るっておく。

【作り方】

① バターに砂糖を加え、白っぽくふんわりするまで混ぜる。

② 溶いた卵を少量ずつ入れ、分離しないようにその都度よく混ぜ馴染ませる。

③ リンゴのピューレを加える。

④ 振るった粉類を入れ、生姜の砂糖漬けのみじん切りを加え、ゴムベラでさっくりと混ぜる。

⑤ 型に生地を入れ、表面をならし、中央を少しくぼませる。

⑥ 30分焼いた後、160℃に下げ、更に15分焼く。（オーブンによって異なる）

⑦ 網の上で冷ます。粗熱が取れたらアイシングをかけ、みじん切りの生姜の砂糖漬けを散らす。アイシングは、粉糖にレモン汁を加え、とろみが丁度よくなるよう注意し水を加える。

Blanc-Manger
ブランマンジェ

とろける舌ざわりが
ディナーの締めくくりに
ふさわしいプディング

Mrs. Beeton's
Sweets &
Puddings

　フランス語で「白い食べ物」という意味のお菓子です。『ビートン夫人の家政本』の中には3つのタイプのレシピがあり、その中から今回は、アロールート（Arrowroot）・ブランマンジェを作りました。

　アロールートとは、クズウコンの地下茎から採れる、葛粉のようなイメージのでんぷんのことです。ヴィクトリア時代には非常に人気があり、プディング、ゼリー、ケーキ、ホットソースなど様々に食べられていたそうです。また、葛粉やコーンスターチと異なりアロールートは透明なフルーツゼリーなどを作れるのが大きな利点だそうです。このアロールートに牛乳や生クリーム、砂糖を加え、ひたすらかき混ぜ、とろみがつくまで煮詰めて固めます。

　今回私は、アロールートの代わりにコーンスターチで再現してみました。しかしそれだけでは現代のものと変わりがありません。『ビートン夫人の家政本』のレシピの違うところは、香りづけがバニラでもなくアーモンドエッセンスでもないのです。「ベイリーフ」を使用していました。ベイリーフというと煮込み料理、肉料理のイメージですが、なんと甘いデ

このレシピは、ローレル又は
レモンの皮を摺り下ろしたも
のを入れるパターンの2種類
あります。お好みで試してみ
てはいかがでしょうか。

ツは、きっとお客様の目にも鮮やかに映り笑
顔にさせたことでしょう。
　私はイチゴと夏に煮たルバーブ&ベリージ
ャムを添えました。まったりとしたブランマン
ジェによく合います。びっくりするほど簡単だ
けれど、繊細な、今までにない美味しいデザ
ートに出会いました。

Recipe

【材料】（500mlゼリー型）

牛乳	500ml
コーンスターチ	大さじ4
グラニュー糖	40g
ローレル大きいもの	3枚
ブランデー	小さじ1

【作り方】

① 鍋に牛乳を入れ、ローレルを入れ香
　りが付くまで煮る。しばらく置く。
　香りが移ったら、ざるで濾す。
② 鍋に牛乳を戻し、グラニュー糖、コー
　ンスターチを加える。だまになった
　り、焦がしたりしないように気を付
　けること。とろみが付くまで、2〜
　3分ゆっくりと中火でかきまぜて煮
　る。
③ ブランデーを加える。
④ サラダ油を塗った型に流しこみ、冷
　やし固める。（＊ガラスの型で抜く
　場合）

ザートの香りづけにするとは目からウロコで
す。また仕上げにブランデーを少し加えてい
ます。
　家政本には、型から抜いてフルーツを盛り
付け、ジャムを添えると指示がありました。ディ
ナーの後のデザートなのでしょう。真っ白
いブランマンジェにカラフルなジャムやフルー

おすすめチーズフロスティ
ングのレシピは「クリームチ
ーズ1：バター1/2：粉糖1
/2」。様々な配合があります
が、これだと覚えやすくて
計算いらずです。

Carrot Baked Pudding
キャロットベイクドプディング

にんじんの甘味が生きる
素朴なプディングは
心にも体にもやさしい

Mrs. Beeton's
Sweets &
Puddings

現在、イギリス菓子といえばヴィクトリアサンドウィッチと二分して大人気なのがキャロットケーキ。ニンジンたっぷりの生地に、クリームチーズのフロスティングが濃厚なケーキです。けれどここで登場するのは「ケーキ」ではなく「プディング」。

『ビートン夫人の家政本』初版本にはまだキャロットケーキのレシピは掲載されていませんでした。

牛乳に浸したパン粉を使ったプディングですから、かなりしっとりしています。現代のケーキに慣れている方にとっては、まったく別物でしょう。甘味もほとんどありません。ニンジン本来の甘味と極少量の砂糖、レーズン、カレンツの甘味のみです。

このレシピの最後の注釈には、「ドイツの科学者リービッヒはニンジンとサトウキビの果汁は同類の糖分を含んでいると述べている」とあります。

現代のキャロットケーキの誕生は、1943年、第二次世界大戦中です。砂糖は大変高価な貴重な物で配給は週に230gのみ。そこで食品省から、ニンジンを砂糖の代わりに使うようにとの通達がありました。その結果、菓子の甘味に使うようになり、主婦たちは、新しいレシピを開発していったのでした。

それでは、キャロットケーキに、いつ頃からクリームチーズのフロスティングをのせるようになったのでしょうか。1960年頃、スーパーマーケットでクリームチーズがパッケージ化され、一般家庭で入手可能になったことで人気が出ました。また、キャロットケーキだけでなく、他のスパイスケーキ、レッドベルベッドケーキなどにも使われ、万能なことも魅力のひとつだったのでしょう。

75

エクレールはコーヒー
アイシングもおすすめ
です（インスタントコー
ヒー小さじ1、粉糖大
さじ1、牛乳小さじ1）。

Eclairs

エクレール

フランス語で「稲妻・閃光」を意味するスイーツ。クリームたっぷりで召し上がれ

Mrs. Beeton's
Sweets &
Puddings

『ビートン夫人の家政本』の中には、フランス菓子がたくさん掲載されています。当時、中産階級の女性たちは、上流階級の人々の高い教養と異国の文化に憧れを持ちました。

フランス語の料理やお菓子も多くみられるのも不思議ではありません。ですから、現在私たちになじみのある、フランス菓子も既に当時、作られていたものもあるのです。

例えばこの「エクレール」。既に19世紀に誕生しています。その名前はフランス語で「稲妻・閃光」を意味する「エクレール」が由来となっています。

それでは、何故、「稲妻」なのか？ 一口、口に入れた時のことを思い出してください。

きっと納得するはずです。クリームが飛び出さないように素早く食べなければなりません。そう、その慌てて食べる様子を稲妻が走る素早い姿にかけたわけです。

いわゆるシュークリームを細長くし、表面にチョコレートをコーティングしたものですが、このお菓子は、フランスのカリスマシェフと呼ばれた、アントナン・カレームが考案したといわれています。ナポレオンのウェディングケーキを作り、また、当時貴族のための特別だった料理を、中産階級の家庭料理として人々に伝える料理本を作るなど、彼の功績は計り知れません。因みに「1,000枚の葉っぱ」という意味のミルフィーユ。別名「ナポレオン」も、彼が考案しました。

ぷっくりと、膨らんだクリームたっぷりのフィンガーサイズのペイストリー、きっと当時としては、かなりリッチなお菓子であったのだろうと推測できます。

HULLUAH

ハレルヤ

神を賛美せよ！という名の
クスクスを使った
不思議なお菓子

Mrs. Beeton's
Sweets &
Puddings

『ビートン夫人の家政本』の中には様々な国の料理を特集したページがあります。これはインドの特集にあったお菓子で、セモリナ粉を材料としています。セモリナ粉とはデュラム小麦粉を粗挽きにして、ふすまを除去した顆粒状の製粉途上のものをいい、例えば現在はクスクスなどの原料になっています。クスクスはモロッコを中心とした北アフリカが発祥地で、中東にかけての地域、その後イタリア、フランス、ギリシャなどのヨーロッパなど、世界中に広がり、今では日本でも親しまれるようになりました。

ご存じの通りクスクスは、長時間水に浸して戻します。今回のビートンのレシピでは「12〜16 時間戻すこと」と記載されていました。今回も実際レシピ通りのチャレンジということで 10 時間程水に浸して戻してみましたが、現代のものは 2〜3 時間で戻るようです。

次に戻した餅状のものを濾すとの指示ですが、かなりの重労働です。当時は手で根気よく濾していたのかと思うと気が遠くなります。

ド風ゆべしのよう。作っている時に、大量の
バターや砂糖を見ていたはずなのに、ついつ
い手が伸びてしまう癖になる美味しさです。

　今回はレシピに添えられたイラストに基づ
いて、カヌレ型で作ってみました。色合いが
地味なのでトップにアーモンドをのせて可愛
らしく飾ってください。

Recipe

【材料】（カヌレ型6個分）

セモリナ粉	280g
アーモンド	適量
飾り用　アーモンド	6粒
水	280ml
グラニュー糖	225g
バター	225g
シナモン	小さじ1
レーズン	適量
カルダモン	小さじ1

【準備】

・型にオイルを塗っておく。
・レーズンは細かく切っておく。
・アーモンドは砕いておく。

【作り方】

① セモリナ粉は同量の水に3〜5時間
　浸して戻す。
② 十分に水を吸って戻った、①に砂糖
　を加えてフードプロセッサーにかけ
　る。
③ ②を鍋に入れ、火にかけ、沸騰して
　くるまでかき混ぜる。
④ ③を沸騰させ、他の材料を一度に加
　え、とろみがつくまでずっとかき混
　ぜる。
⑤ 油を塗った型に入れ、冷めたら裏返
　す。

　その後、鍋に入れ、大量のバターや砂糖
を混ぜ、レーズン、アーモンドを加えてよく練
ります。スパイスのカルダモン、シナモンが
異国情緒を誘います。型へ詰めて、冷やし固
めて出来上がりです。

　型から外すときはお湯につけて温めると、
中のバターが少し溶けて出しやすいでしょう。
お味はというと、もちもちとした食感で、イン

Almond Macaroons &
Wine Biscuits

アーモンドマカロン&ワインビスケット

ビスケットは、湿気を防ぐた
めに、乾燥剤と一緒にジッ
パー付の密封袋に入れる
のがおすすめです。

午後のお茶だけでなく
就寝前にいただいても。
大人の味わいのビスケット

Mrs. Beeton's
Sweets &
Puddings

「マカロン」というとメレンゲ生地2枚にガナッシュやジャムをサンドしたカラフルで美しいお菓子を思い描く方が多いでしょう。これは正式名称を「マカロン・パリジャン」と言い、1930年、ラデュレが生みの親です。もともと、マカロンはイタリアの修道院が発祥といわれています。16世紀フィレンツェのメディチ家の令嬢カトリーヌ妃がフランス王室ヘンリー2世に嫁いだ際に、同行していたシェフが宮廷に広めたといわれます。

一方、イギリスの式の「マカルーン」。1880年代にはヨーロッパ中に広まったマカロン。実はそれまでのマカロンは、そばボーロのような飾り気のない茶色い地味なお菓子でした。そこで、イギリスでは、手をかけて皮を剥き、白くなったアーモンドを中央に乗せて焼くという、ちょっぴりお洒落なトッピングを施したようです。このマカロンは、アーモンドプードル、米粉、グラニュー糖、卵白を混ぜるだけで簡単に作ることが出来ます。

そして、今回は、左頁の写真に写っているワインビスケットのご紹介です。こちらもアーモンドを挽いたものを基調に、シナモンやクローブのスパイスを加え、更に白ワインを入れます。一風変わった、そして大人の味わいのビスケットです。

Recipe

【材料】

薄力粉	225g
バター	100g
グラニュー糖	150g
塩	1g
シナモン	5g
重曹	3g
アーモンドプードル	50g
卵	30g
白ワイン	30g
トッピングアーモンド	お好みで

【作り方】

① バターは1cm角にカットして冷蔵庫で冷やしておく。薄力粉、塩、スパイス、重曹を振るう。

② 粉類にバターを入れカードでバターを細かくしていき、指先でこすり合わせるようにしパン粉状にしていく。

③ ②にグラニュー糖とアーモンドプードルを加える。

④ ボウルに卵とワインを混ぜ③に加え生地を作る。ラップで包み一晩冷蔵庫で寝かせる。

⑤ 生地を直径5cmの棒状にする（打ち粉はしないこと）。また、冷蔵庫で休ませる。

⑥ 2時間後、3mmの厚さに切っていく。お好みでアーモンドを飾る。

⑦ 220℃で8〜10分焼く。粗熱が取れるまで天板の上で冷ます。ラックの上で完全に冷ます。

Tapioca Pudding
with Apples

タピオカプディング with アップル

きらきらとした表面はカリっと、透明な中からは、熱々のリンゴが現れる不思議なデザートです。未知なる体験、是非召し上がれ。

きらきらと玉虫色に輝き
りんごの香り広がる
不思議なプディング

Mrs. Beeton's
Sweets &
Puddings

　黒真珠のようなものが無数にココナッツミルクの中に沈殿している。それがまさに、タピオカでした。第1次、第2次と経て第3次と人気に浮き沈みはあったものの、2018年若者の間で再来大ブームを迎えた台湾フードタピオカです。

　それ自体は特に味はなく、しかし、少しもちっとしながらも、つるっとした喉越しと、なんといっても「インスタ映え」が大きな流行の理由だったのだそうです。

　今回、『ビートン夫人の家政本』からもタピオカを使ったプディングをご紹介します。ヴィクトリア時代にもタピオカ？と驚いたわけです。しかもイギリスで。とても興味がわき、再現することにしました。

　一つ目のポイントは、クッキングアップルを使用すること。味気ないタピオカにほのかな酸味が引き立ちます。クッキングアップルとは、酸味の強い生食よりも料理向きのりんごです。以前は欧米でしか見られなかったのですが、最近は日本でも栽培され、流通するようになりました。代表的なものにブラムリーがあります。

　二つ目。水で戻したタピオカを煮て、じっくりオーブンで1時間焼きます。すると、表面がカリカリで、なおかつ玉虫色にきらきらと光り、とてもきれいに焼き上がるのですが、焦がさないようにするのがポイントです。

Recipe

【材料】（20x20cm 四角型耐熱皿）

今回使用するのは白い小粒タイプのタピオカです。

タピオカ	90g
グラニュー糖	200g
リンゴ	正味500g

（紅玉の場合約3個、クッキングアップルの場合約2個が目安）

レモン	1/2 個

【作り方】

① 冷水にタピオカ90gを20分浸す（戻しすぎに注意）。

② 560mlの熱湯を注いで20分間ゆっくり煮る。

③ りんごは皮をむき、芯を取り、耐熱皿の底に敷き詰め、隙間にグラニュー糖を振り入れ、レモンの皮を摺って、香りづけをする。

④ タピオカをりんごの上に注ぎ、表面がカリっとするまで170℃でじっくり45分焼く。

Trifle

トライフル

お馴染みのトライフルだけれど品の良い佇まい。それは白くて柔らかな貴婦人のようなデザート。

雪原に蝶が舞うよう
ほのかな柑橘の香りが
くすぐる美しいスイーツ

Mrs. Beeton's
Sweets &
Puddings

　見てください！なんて美しいのでしょう。まるで雪原に蝶が舞うようではないですか？

　これは、皆さんのよくご存じのトライフルですが、『ビートン夫人の家政本』の中のレシピの仕上げには、トッピングに花を散らすという指定がありました。イギリス菓子にしては大変華やかで美しいプディング（デザートもそう呼びます）です。

　他にもいくつかの特徴があります。まず、シェリー酒をしっかりしみこませたスポンジケーキの上にレモンの皮のすりおろし、これが後で爽やかな柑橘の香りをもたらし良い風味になります。そして間にアーモンドスライスをたっぷり。ラズベリージャム、特にこのジャムを多めにするのがお勧めです。後で載せるまったりとしたクリームと相まってきゅんとした酸味がアクセントになります。さあ、次々とフランスのモンブランのごとく積

み上げていきます。

　カスタードクリームも、卵黄をたっぷり4個も使用のレシピ。そして最も特徴的なのは、ホイップクリームにメレンゲを合わせること。口当たりも良いですが、生クリームがしっかりと立ち、形が保持できます。ジャムやお花を変えれば無限ですね。

Recipe

Trifle

【材料】（16 〜 20 個分）

＜メレンゲクリーム＞
生クリーム··············· 200㎖
グラニュー糖··············· 15g
卵白··············· 1個
シェリー酒··············· 小さじ1

＜カスタードクリーム＞
牛乳··············· 250㎖
卵黄··············· 4個
グラニュー糖··············· 50g
薄力粉··············· 20g
無塩バター··············· 20g

スポンジケーキ··············· 150g
アーモンドスライス··············· 28g
レモン皮··············· 1/ 2個のすりおろし
ラズベリージャム··············· 約100g
シェリー酒··············· 250㎖
ブランデー··············· 大さじ3

【準備】
・スポンジをシェリー酒とブランデーによ
く浸しておく。
・レモンの皮をすっておく。
・ジャムはよく溶いておく。

【作り方】

① 生クリームにグラニュー糖分量1/2 を
入れ、8分立てまで泡立てる。最後に
シェリー酒を入れる。
② 卵白のコシを切り、残りのグラニュー
糖を入れ、高速でピンと角が立つまで
泡立てる。
③ ホイップクリームにメレンゲの泡をつ
ぶさないよう混ぜ合わせ、冷蔵庫で冷
やしておく。
④ カスタードクリームを作る。牛乳を鍋
に入れ沸騰寸前まで火にかける。
⑤ ボウルに卵黄、グラニュー糖を入れ、
白っぽくなるまでかき混ぜる。薄力粉
を入れ更に混ぜる。
⑥ ⑤に④を少しずつ入れ、溶きほぐして
いく。網で濾して、鍋に戻す。

⑦ もう一度火にかける。中火で、ゆっく
りかき混ぜているとすぐに、もったり
としてくるので、焦がさないように注
意して手早くかき混ぜていく。ふつふ
つとしてきたら火を止める。
⑧ 無塩バターを入れてよく混ぜる。
⑨ 完成した⑧のカスタードクリームを
バットに移しラップを密着させる。
＊氷水で急冷させる。
⑩ 組み立てる。スポンジケーキを器に盛
りレモンの皮のすりおろしを散らし、
ラズベリージャムをかける。アーモン
ドを散らし、冷ましたカスタードクリーム
、最後にこんもりとなるようにメレ
ンゲクリームを盛る。トッピングに花
を散らす。

Cherry Tart

チェリータルト

『ビートン夫人の家政本』
では生のままのチェリーを
使っていましたが、一度煮
てから使うとまた違った楽
しみ方ができます。

旬を存分に
味わうには
とことんシンプルに

―――――――――――

　『ビートン夫人の家政本』は、旬の素材
でメニューを提案しています。豊富に穫れ
ますから経済的ですし、もちろん味も最も
美味しい季節です。このチェリータルト も

その一つ。6月、7月限定メニューです。
今回の家政本のポイントは「縁取りに飾り
つけをすること！」という指示。私は葉っ
ぱの形にカットしてみました。

　フィリングは生のチェリーにお砂糖をか
けて焼くだけと、至ってシンプルです。さ
っくりと軽いショートクラストペイストリ
ーと、果物そのものの美味しさが味わえる
一品です。

Neapolitan Cake

ナポリタンケーキ

スコットランドの
伝統菓子と瓜二つ。
でも別物の味わい

この佇まい、どこかでご覧になった方も
いらっしゃるかと思います。そう、スコッ
トランドの伝統菓子エンパイアビスケッ
ト。でも違うのです。その名は「ナポリタ
ンケーキ」。そう、決して、名前だけが違う
わけではないのです。

昔からイタリア、ナポリでは、アーモン
ドを使ったお菓子、トルタやパスティチー
ニが親しまれており、トルタ・オルティ・
ガーラなどが有名です。今回のナポリタン
ケーキは、薄力粉と同量のアーモンドプー
ドルをたっぷりと使い、バターもたっぷり
のお菓子。そのためエンパイアビスケット
とは、全く違った、新食感。しっとりとし
ています。

「人は見かけによらず」。ビートン夫人も
そう言っています。

ショートブレッドで
はなく、フォークで
いただくしっとりし
たアーモンドケー
キです。ビスケット
とは全く別もので
す。

Thick Gingerbread

シックジンジャーブレッド

厚くカットしたケーキは
ミルクティーとの相性抜群

　ビートン夫人の家政本を調べてみると、生姜を使ったお菓子や飲み物がたくさんありました。レシピ欄には、スコットランド地名のもの、蜂の巣ジンジャーブレッドというユニークなものもあります。材料も、シンプルな小麦粉、砂糖、バター、卵、生姜のみのものから、果物のピールやアンゼリカを入れたり、更に珍しい澄ましバターを使ったものもあります。その他、生姜と

オールスパイス、レモン汁という組み合わせもあり実にバリエーション豊富です。

　再現をするにあたってどれにしようかと迷った時に、比較的、すぐに手持ちの材料で簡単に出来、イギリスらしいトリクルを使ったシックジンジャーブレッドにしました。見た目は素朴ですがジンジャーパウダーが10ｇも入っていて少し辛めです。オリジナルにはないですが、アイシングをかけ生姜の砂糖漬けを散らしました。

Recipe

【材料】（15 × 15cm四角型）

バター	40g
ブラウンシュガー	40g
ゴールデンシロップ	150g
重曹	5g
薄力粉	225g
卵	1個
ジンジャーパウダー	10g
オールスパイス	5g
牛乳	45ml
（仕上げ照り用）卵黄・牛乳	適量

【準備】

・オーブン予熱180℃。
・型に紙を敷く。
・バター、卵を室温に戻す。
・粉類を振るっておく。

【作り方】

① 鍋に、室温に戻し柔らかくなったバター、ブラウンシュガー、ゴールデンシロップを加え中火でゆっくりと溶かす。溶けたら、そのまま冷ます。
② 牛乳を別で温めて重曹を溶かす。溶いた卵を合わす。
③ 粉類に①と②を入れよく混ぜる。
④ 型に生地を入れ表面をならす。オーブンで160℃40分焼く。
⑤ オーブンから一度出し、仕上げ照り用の卵黄と牛乳少量ずつ合わせたものをハケで表面に塗る。170℃3分焼く。
※ アイシングをかける場合は⑤を省略（P71参照）

Chapter 4
第四章

Mrs. Beeton's
Sweets from Continental Europe

大陸から
届いた
スイーツたち

Charlotte Russe

シャルロット・リュス

左頁：『ビートン夫人の家政本』掲載レシピで作ったシャルロット。トッピングは生のフルーツではなく、ドレンチェリーとアンゼリカ。

起源はロシアの皇帝?
それともイギリス王妃の名前?

Mrs. Beeton's
Sweets from
Continental
Europe

『ビートン夫人の家政本』の中にはシャルロットと名がつくデザートが２種類ありました。大変興味深く思い、それでは何が違うのか、実際に作って検証してみることにしました。その前に、先ず少し謂れをお話ししましょう。

皆さんがシャルロットというと、真っ先に思い浮かべるのは、外側をレディーフィンガーで巻き、その上に可愛らしく、リボンをぐるりと巻いて結び、中はムースの華やかなフランス菓子でしょう。レディーフィンガーとはその名の通り、まるで女性の指のような形状の、サクッと軽いビスケットです。

実は現在私たちが食べているものの原型がフランスのシェフの巨匠アントナン・カレームが18世紀後半ロシア皇帝アレクサンドル1世に冠して作った「シャルロット・リュス」といわれています。「Russe」とはフランス語でロシアのことを指します。彼は、本誌に掲載されている「エクレール」も考案しました。

『ビートン夫人の家政本』にも「シャルロット・リュス」があります。外側はレディーフィ

ンガーで出来ていて、中はふんわりとしたムース。多少の配合の違いにより、ビスケットの軽さ加減、ムースの柔らかさに違いは出てきますが、とても似ています。またトッピングは、現在のシャルロットはフルーツをふんだんに盛り付けているのに対し、当時のシャルロットは、シンプルにドレンチェリーとアンゼリカのみです。

現代のシャルロット。トッピングに生のフルーツをふんだに使うのが定番になっています。

右頁：シャルロット・ロワイヤル。20世紀に誕生した進化系のシャルロット。外側がラズベリージャムのスイスロールで、中はムースになっています。

時代の移り変わりとともに豪華な装飾が施されていったシャルロット。こうやって、ルーツを調べていくと、誕生当時はシンプルが故、外側のビスケットや、中のムースそれぞれの美味しさが存分に味わえたのでした。

次にもう一つのシャルロットも調べてみました。その謂れを調べつつ作ってみようと思い立ったのでした。

その名を「アップル・シャルロット」と言い、シャルロット・リュスと同じく18世紀後半のこと。「シャルロット・リュス」と一体どっちが先かと論議を醸しています。多くは、前者の方だという声が多いそうです。

こんがり黄金色に焼けたアップル・シャルロット。中から熱々、とろとろのリンゴが流れ出てきます。

「アップル・シャルロット」。これは、硬くなったパンを使うリメイクプディングです。パンをプリン型の形に合わせカットして、内側に敷きます。その中に、バターでソテーしたリンゴのコンポートを詰めて、オーブンできつね色になるまで焼きます。焼き立て熱々のものに、アングレーズソースをかければ、立派なデザートの出来上がりです。外はサックリとし、中から熱々のリンゴが溢れ、ソースとの相性抜群。お手軽で、ちょっとおしゃれなアップルパイのようです。

さて、このアップル・シャルロットの形をよく見ていると、何かを連想させます。実はこの名前の由来を調べてみると、納得します。シャルロットの名前の起源は諸説ありますが、おそらく歴史的には1700年代後半、イギリス国王ジョージ3世の妻、シャーロット女王陛下に因んでつけたといわれています。この形はシャーロット女王のかぶる帽子姿を模したものといわれています。そしてその中からリンゴが出てきたのも、リンゴ栽培に熱心だった彼女らしいお菓子と言えるものでした。

イギリスの素朴なアップルシャルロット、フランスの豪華なシャルロット・リュス、同じシャルロットですがとても対照的なお菓子なのでした。

Frangipane Cake

フランジパーヌケーキ

左頁：丁寧に折ったパイはサクサクとして最高に美味しい。手間はかかりますが、挑戦する価値ありです。

シンプルに美味しい
渾身の折りパイケーキ

Mrs. Beeton's
Sweets from
Continental
Europe

17世紀にパリで香水商を営んでいたイタリア人フランジパーニ（Frangipani）に由来。彼は、ビターアーモンドをベースにした手袋用の香水を調合し、これにヒントを得て、菓子職人が作り出したといわれています。

フランジパーヌとは、クレーム・パティシエール（カスタードクリーム）にクレーム・ダマンド（アーモンドクリーム）を加えて作ったお菓子のことを言います。その代表格がフランスなどで新年に食べられる「ガレット・デ・ロワ」です。

このレシピはケーキとなっていますが、実際はパイでした。「フランジパーヌ」とあったので、「ガレット・デ・ロワ」だと推測したのですが、中身はカスタードクリームですし、食べる季節も問わないとなっていたため、ガレット・デ・ロワではなかったのです。

このパイ生地はかなり手間がかかります。元来この家政本はほとんど細かい作り方が書いていないにも関わらず、このパイ生地に関しては、かなり細かい指示が記載されていま

した。基本生地作りの冷水にレモン汁を入れるところは驚きです。生地とたくさんの分量のバターを包み、6回折るのを繰り返します。しかし、やはり手の込んだものには、図解が欲しいと痛感しました。

Column

この試作品は、本来はパイの表面に飾り模様の指示はありませんでしたが、個人的な判断で「フランジパーヌ」の名前に相応しく掘ってみました。中はシンプルなカスタードクリームですが、パイ生地はしっかりと、幾層にも折ったのでさっくりと美味しい。しかし表面が何もないのもつまらないと思い、作っている過程でナイフで模様を付けました。また焼き立ての表面に刷毛でシロップを塗り、艶を出し、お化粧させたら、なお、ガレット・デ・ロワそっくりになりました。

第五章

Mrs. Beeton's
Savoury Foods

セイボリー
フードの
真実

Stewed Kidneys.

Rissoles of Beef

Croquettes.

Turban of Veal

Cutlets & Peas.

Savory Jelly.

Chartreuse of Game.

Cutlets & Peas.

Cutlets & Spinach.

Fricandeau of Veal.

Sweetbreads.

Chicken Patties.

Fillets of Game.

Chicken Cream

Scalloped Oysters.

Cheese Cream Croutes

チーズクリームクルート

左頁：クルートは、熱した油
でカリっと揚げ焼きにする
のがポイント。クリーミーな
チーズとの対比が出て、と
ても美味しくなります。

二種のチーズのハーモニー
美食家も唸らせるセイボリー

Mrs. Beeton's
Savoury Foods

　セイボリーに最適な、かなりお勧めの一品
です。但し少しポイントがあります。チーズを
「にこごり」の原理で固めなければならない
のです。ヴィクトリア時代にはそういったゼラ
チンの代わりに肉汁や魚の出汁が固まること
を利用した料理法も多くみられます。出汁を
固めたものを「アスピックゼリー」と言い、現
在は皆さんコンソメなどをゼラチンで固めて
作ってらっしゃるでしょう。

　パルメザンとチェダーチーズ2種をすりお
ろし、「にこごり」とホイップクリームなどを
混ぜ、こんがりと焼いたクルート（カナッペ
状のパン）に載せて固めます。

　別に崩したアスピックゼリーを添え、チー
ズの上にのせると美味しくいただけるというも
の。

　実は最初にレシピを見た時、「チーズとホイ
ップクリーム？」と驚きました。けれどもこれ
が絶品なのです。今回、にこごりで固めるこ
とが出来なかったため、アレンジとして、泡
立てたクリームと混ぜて、クルートの上にの
せ、カナッペに仕上げました。最後にカイエ

ンペッパーを振れば、白いチーズに赤いペッ
パーが映えて美しい。苦みのあるクレソンの
マリネも添えると良いでしょう。

Column

　セイボリーの正確な意味をご存じで
しょうか。英和辞典で引くと、「ディ
ナーの後に出される、つまみ」とあり
ます。そうです、ディナーのコースの
最後、デザートの前に出される、ごく
少量の塩味のあるもののことを指しま
す。『ビートン夫人の家政本』では、「よ
く選ばれたセイボリーはディナーの成
功に大きく貢献し、美食家や食事の仕
方を知っている人は、このようなセイ
ボリーなしには、完全なディナーとは
思わないだろう」と述べています。そ
のため、セイボリーは、特に夏場には、
冷たいまま提供されることが多く、牡
蠣、キャビア、ロブスター、燻製魚、チー
ズを使ったものが人気です。

広げた羽根がお洒落。
おもてなしに使ってみたい
春の訪れを告げるセイボリー

Mrs. Beeton's
Savoury Foods

このビスケットはなんといっても立体的なのが魅力的。羽根を組み立てるとき、中央に隙間を開けてクリームチーズを絞るのがポイントです。

Cheese Butterflies

チーズバタフライ

　写真をご覧になって、なんて可愛らしい形なんでしょうとお思いになったのではありませんか？まさしくバタフライ、蝶が花にそっと、止まっている様子に見えますね。実はこのスナック、ピリ辛、チーズ味なのです。可愛らしいルックスとは裏腹に、これはセイボリーです（塩辛いおつまみ）。

　元来セイボリーとは、ディナーの最後のデザートの前の、ちょっとした塩辛い、つまめるもののことを指します。

　勿論ディナーには、女性もいらしたでしょうから、こんな蝶の形のセイボリーが出てきたら、お腹がいっぱいであったとしても、ついつい手が出てしまうでしょうね。

　味は、しっかりとしたパルメザンチーズの味わいの中に、マスタードの風味とカイエンペッパーの辛味がアクセント。ただそれだけではありません。中央の昆虫の身体の部分がピンク色ですね。これは、クリームチーズにアンチョビソースを混ぜて、食紅で色づけしたもの。複雑な味が楽しめます。

　作り方は簡単。きっと春のおもてなしに、活用できること間違いなしです。

Recipe

【材料】（6 個分）

薄力粉	100g
バター	75g
細かくおろしたパルメザンチーズ	75g
卵黄	1 個
マスタードパウダー	少々
カイエンペッパー	少々
塩	少々
冷水	適宜
打ち粉	適宜
クリームチーズ	適宜
アンチョビソース	適宜
食紅	適宜

① 薄力粉、マスタードパウダー、塩、カイエンペッパーをボウルに振るっておく。

② 別ボウルに、バターを白く柔らかいクリーム状にする。

③ ②に卵黄を加えて混ぜる。

④ ③に粉類とパルメザンチーズを加える。

⑤ ④の生地にまとまり具合によって冷水を加え、硬めの生地を作る。

⑥ 台に軽く打ち粉をし、生地を 3 mm厚さに伸ばし、直径 6 ㎝の円形に抜く。

⑦ 約 10 枚前後抜く。半分の 5 枚の真ん中半分をカットして羽根を作る。

⑧ クッキングシートを敷いた天板にそっと置き、170℃で 10 分焼く。

⑨ 天板の上でそのまま冷ます。

⑩ トッピングを作る。クリークチーズをボウルに入れクリーム状にする。アンチョビソースを加え風味をつけ、食紅でほんのり淡いピンク色をつける。

⑪ ⑩を細い口金の絞り袋に入れる。

⑫ ビスケットが冷めたら、丸いビスケットの中央に 1 本、トッピング用にチーズの線を引き、半円の端を羽根のように斜めに立て押し付ける。乾いて固定するまで押さえておく。もう 1 枚の半円の羽根を同じようにつける。

CHEESE STRAWS.

Cheese Straws
チーズストロー

パルメザンチーズに
加えた辛味がアクセント。
手軽に作れる"おつまみ"

　このキャンプファイヤーみたいなもの
は、なあに？　ただのフライドポテトじゃ
ないのかしら？　そうお思いになられた方、
気持ちは分かりますが違います。

　正真正銘「セイボリー」です。ここでい
うセイボリーとはディナーの最後、デザー
トの前に出て来るもの。「チーズクリーム
クルート」（P101）で詳しく説明をしてい
ます。パルメザンチーズ、マスタード、カ
イエンペッパーとピリ辛で、とても風味が
良い、口直しにいただくには最適な"おつ
まみ"。作り方もとても簡単。覚えておく
と便利です。『ビートン夫人の家政本』で
はカイエンペッパーはよく使うので常備し
ておきましょう。

Recipe

【材料】

薄力粉	100g
バター	75g
おろしたパルメザンチーズ	75g
卵黄	1個
マスタードパウダー	少々
カイエンペッパー	少々
塩	少々
冷水	少々（調節）

【準備】
・バター常温に戻しておく。
・粉類を合わせ振るっておく。

【作り方】
① バターを白っぽくクリーム状になる
　　までかき混ぜる。
② 卵黄を加えよく混ぜる。
③ 合わせた粉類を加える。
④ 冷水を少量入れ硬めの生地を作る。
⑤ 打ち粉をした台で、約5mmの厚さに
　　伸ばし、5mm四方10cmの棒状に切り
　　分ける。
⑥ シートを敷いた天板に崩れないよう
　　にパレットナイフで移す。8〜10
　　分または軽く色づくまで焼く。その
　　まま天板の上で冷ます。
⑦ お皿に格子状になるように、積み上
　　げて盛り付けて出来上がり。

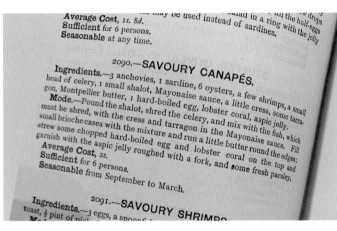

またワインが飲みたく
なる、宝石のようなカナ
ッペのレシピ。

Savoury Canapes

セイボリーカナッペ

高級魚介を
惜しげもなく使った
セイボリーカナッペレシピ

『ビートン夫人の家政本』には魅惑的な
セイボリーカナッペのレシピが紹介されて
います。このカナッペの再現はしていない
のですが、レシピを眺めているだけで美味
しさが伝わってくるのでご紹介します。

　材料は、ロブスター、牡蠣、海老、オイ
ルサーディン。それらをパンにポンと乗せ
るだけではありません。こだわりのソース
が決め手です。マヨネーズソースに、風味
の良いクレソン、タラゴンの刻んだもの。
セロリ、エシャロットのみじん切りとアン
チョビを混ぜます。これを小さなブリオッ
シュに詰めるのですが、パンに塗るバター
にもこだわりがあります。「モンペリエバ
ター」です。これは、ケーパーとバターを

混ぜて作ったもの。これで小さなカナッペ
にひと手間二手間かけ、味に深みを出して
います。

　そして盛り付けです。家政本では、美し
い盛り付けには欠かせない、アスピックゼ
リー、そして刻んだゆで玉子とロブスター
を周りに飾ります。高級素材を惜しげもな
く飾りに散らす贅沢さ。彩りのパセリも忘
れずに。

Chapter 6
第六章

Mrs. Beeton's
Eccentric Dishes

珍しい
料理作りに
挑戦

Dressed Crab

Oysters.

Whitebait

Lobster

Brochet of Smelts.

Red Mullet in cases.

Salmon

Brill

Turbot

Whiting.

Eels

Mackerel

Haddock

Cod

Trout.

Soles

Mock Turtle Soup

モックタートルスープ

アメリカのワースモア社か
ら発売されているモックタ
ートルスープの缶詰。表の
ラベルにはスープにレモン
が添えられています。

西インド諸島からやってきた
アオウミガメが現代に蘇る

Mrs. Beeton's
Eccentric
Dishes

え?タートル?カメのスープ?そうお思いに
なりましたか。モックとは「まがいもの」とい
う意味です。そうです、これはタートル（ウ
ミガメ）に似せたスープのことを言います。

何故、「まがいもの」なのか。その前に、
正真正銘、本当の「ウミガメのスープ」の起
源からお話し致しましょう。

イギリスで、本家本元「ウミガメのスープ」
が飲まれるようになったのは、1750 年代のこ
と。西インド諸島からイギリスにやってきた船
員たちが、「アオウミガメ」を持ち込んだので
す。実は、船員たちは渡航中、鮮度のよい肉
を手に入れる手段として、「アオウミガメ」を
捕まえては船の中で生かしていたのでした。
それが、すこぶる美味しかったのです。

イギリスの地に連れてきた数匹のカメのう
ちの1匹を王族が手に入れ、その美味しさに、
瞬く間に貴族の間でも噂となり、ついに晩餐
会は「ウミガメのスープ」なしには始まらない
とまで言われるほどの人気ぶりとなりました。

そうやって人気が過熱し、ピーク時には、
西インド諸島から年間 15,000 匹のアオウミ
ガメが、生きたまま輸送されたといいます。
しかし、このウミガメの取引価格は非常に高
価だったため、そのうち、捕獲量と取引量と
のバランスが崩れ、カメが大量に余り、結果

的に処分され残念な結果になってしまいまし
た。また、立て続けの狩猟により絶滅してし
まい、ますます価格高騰を招く結果となって
しまったのでした。

ここでカメの魅力を振り返ってみましょう。
王族の間では、晩餐会のスープとして人気を
博していましたが、もともと、船員たちは船
の上で「肉」として食していました。そうです、
カメというのは、仔牛、牛肉、魚、ハム、豚
肉など様々な種類の性質を持った肉でできて
いるという不思議な生き物でした。

『不思議の国のアリス』に登場する
「ニセ・ウミガメ」。

Mock Turtle Soup
モックタートルスープ

ニセ・ウミガメこそ
モックタートル

ここで、面白いお話をいたしましょう。19世紀イギリスの有名な写真家で作家のルイス・キャロルの作品『不思議の国のアリス』に「ニセ・ウミガメ」というキャラクターが登場します。

これは、かなり奇妙な姿で、胴体と前肢はウミガメ、そして頭は仔牛、後ろ足には、ひづめがあり、ちゃんと尻尾もあります。これがまさしく「モックタートル」なのです。

現代でも飲まれている
モックタートルスープ！

19世紀に広まったモックタートルスープですが、実は現在でも飲まれています。アメリカのフィラデルフィアやシンシナティなどの中西部や南部では名物料理になっていて、レストランのメニューに載っています。

また、ドイツでは家庭料理となり、ドイツ北部のかつてのハノーファー王国やオルデンブルク公国などで楽しまれていました。特にアメリランド地方は美味しいモックタートルスープの産地として有名です。

モックタートルスープを
実際に食べてみました

これだけモックタートルスープを調べていたら、一体どんな味がするのだろうと、気になってきました。そこで実際に食べてみることにしました。

現在、アメリカのワースモア（Worthmore）社からモックタートルスープの缶詰が販売されています。

それを取り寄せたのです。到着まで、わくわくするような、怖いような複雑な気持ちで待っていました。

届いた缶詰は、青い缶の上に、白いお皿にチリビーンズを盛ったようなイラスト、そしてレモンが描いてあります。なるほど、やはり家政本のレシピにあった通り、レモン…と思いながら、恐る恐る缶を開けました。チリビーンズというよりもミートソースのような色。

意を決してひと口食べてみます。つぶつぶとした舌ざわり、そしてやはり、ほんの少し酸味のある漢方のような風味が感じられます。

この原材料は何？気になって、缶をよく調

べてみました。

　牛肉、トマトケチャップやトマトピューレなどのほかに、ハードボイルドエッグ、つまりかたゆで卵、そしてビーフハート。日本人にはハツとして馴染みのあるものです。ハツは内臓肉の中では、比較的臭みのない方だといいます。スパイスやハーブ、ヴィネガーやレモンも入っているため、ほんの少し癖のある味に仕上がっています。

　カメ…。何とも言い難い気持ちになったのでした。ただ、もし貴方がヴィクトリア時代を体験したいのであれば、一度は召し上がってみるのも面白いかもしれません。

『ビートン夫人の家政本』
モックタートルスープ

　超富裕層以外には、本物のカメのスープを作ることは、不可能でした。そこで、いよいよ「モックタートルスープ」の登場です。仔牛の頭、牛肉、ハム、ワニ、ザリガニ、牡蠣、野菜、仔牛の皮・舌、脳などさまざまな食材を使用し、カメ肉の味を再現することを試みたのでした。

　作り方をご紹介しましょう。ちょっとグロテスクですが、ご勘弁を。

【作り方】

① 皮付きのまま頭を湯煎し、脳みそを取り除き、骨を縛って、冷水に投入する。それを布に包んで、1時間煮る。その後、肉をスープから取り出す。1時間か、柔らかくない場合はそれ以上、静かに沸騰させ置いておく。

② 別の鍋にバターを溶かし、ハムを入れ、粉でまぶしておいたハーブ、パセリ、タマネギ、エシャロット、マッシュルームを炒める。1パイントほどのストックを加え、2時間ほどじっくりと煮込む。

③ ブイヨンで満たし、ワインを加えて10分ほど静かに煮込み、網でよく揉んでから濾す。

④ 必要なら塩を少々加え、オレンジとレモンの絞り汁を加える。

⑤ お好みで、小さじ1杯のメースと砂糖も加える。5分ほど煮込み、熱いうちにサーヴする。

　『ビートンの夫人の家政本』のレシピの特徴は、オレンジ果汁を入れること。通常、どのレシピにもレモン果汁は入れていますが、オレンジは珍しいです。

Pigeon Pie

ピジョンパイ

ヴィクトリア時代から続く
イギリスの伝統料理
鳩のパイに挑戦

Mrs. Beeton's
Eccentric
Dishes

　私が『ビートン夫人の家政本』のレシピを再現するようになって、今回かなり戸惑うことになってしまいました。日本で鳩の肉を入手しようと思ったら、フランス産の頭付き、足先付き、内臓未処理のものしかありません。「ここで頑張って、挑戦するのが再現チャレンジだわ！」と意を決して注文しようと更にインターネットで画像を検索してみると、その毛のついた生々しい姿にどうしても注文することが出来ませんでした。そこで、今回の再現は、残念ながら鶏むね肉を代替にして作ってみました。

　ヴィクトリア時代のディナーには、ジビエ料理がとても重要で、普通、頭や脚をつけたままローストしました。家政本にも、縛り方や肉の切り分け方が、図解付きで詳しく紹介されています。

　また、ヴィクトリア時代の特徴として、体の部位を使い切るという特徴がありました。例えば、鳩のパイの中央に脚を刺して、飾ったりするのが代表的なものです。また、すごいものになると、パイから首と羽が飛び出すというものまであるのです。

　イギリス・ロンドンでの鳩のパイ料理の歴史は古く、1575 年の『A Proper Newe Booke of Cokerye』というレシピ本に早く

も掲載されています。17 世紀になると、イギリスで有名な日記作家、ジョン・イヴリンが自身の出席した晩餐会で印象に残った鳩のパイのことを日記に残しています。

　フランスの蒸気機関の原理を最初に発案し、圧力調理器の発明者で知られているドゥニ・パパンが王立協会の会員のために「哲学の晩餐会」を催し、そこでパパンは、「今日は、よく煮込まれた料理ばかりだったが、特に鳩のパイが美味しく、他に勝るものはなかった」と述べていました。

　それでは、ピジョンパイとは一体、どんなパイなのでしょう。様々な作り方があるようですがフィリングの多くに、牛ランプなどのステーキ肉や仔牛の挽肉などを一緒に詰めています。また、マッシュルームや鶏の卵、ハムやベーコン、ハーブなど様々です。

　因みに、家政本の場合は、非常にシンプルで、牛ランプステーキ肉のみで、あとは塩コショウした鳩の胴体の内外にバターを忍ばせるだけです。そして最後に卵液を注ぎます。すべてのパイに共通しているのは、仕上げに、ブイヨンを流し込むことです。ほどよく蒸し焼き状態になります。淡白な味なので、きつめに塩コショウするのがポイントです。

Spinach Pudding

スピナッチプディング

とろけるような美味しさ
甘くない"ポパイ"のプディング

Mrs. Beeton's
Eccentric
Dishes

　これは、一体何でしょう？　「スピナッチプディング」とはいうものの、甘いデザートではありません。いわゆる「ミートローフ」で、立派なメインディッシュです。プディングとなっていますが珍しくイタリア料理のレシピです。今回は、本にはめったに載っていない挿絵があったので、なるべくその絵に近づけるように努めました。

　ほうれん草を蒸した後、黒く変色することから、このプディングはシルクハットをイメージして作られたようです。少しでも美味しそうに見せる演出として考えられたものなのでしょう。素晴らしいセンスとユーモア。ぐるりとのせたニンジン、カブ、ジャガイモもアクセントとしてだけでなく、きちんと、付け合わせになっているところがポイントです。

　このプディングは、その名の通り、ほうれん草が主役で、ほうれん草の量がびっくりするほど多く、なんと、合挽肉の2倍使われています。また、フランス料理の定番であるベシャメルソース、いわゆるホワイトソースがたっぷりと加えてあるのも、なかなか手が込んでいるという点で驚かされます。とろみをつけたソースのため、あっさりとしたものに仕上がりました。

　お味はというと、お口の中がほうれん草でいっぱいです。お肉もとても柔らかでとろけるようです。蒸しているためとてもヘルシー。一食で野菜不足を補える、美容と健康に最適なメニューです。ルックスは今一つですが是非お試し下さい。

左頁：真っ黒なのは、ほうれん草が挽肉の2倍以上入っているから。食物繊維たっぷりで栄養価満点です。

Recipe

【材料】（約1ℓ パネトーネ型1台分）

ほうれん草…………………900g（冷凍可）	
合挽肉……………………………400g	
バター………………………………大2	
ホワイトソース（缶詰）…………500g	
卵黄……………3個（全卵2個可）	
塩………………………………少々	
スープストック（コンソメ可）……500ml	
ローリエの葉………………………1枚	
ブーケガルニ………………………1束	
パセリ……………………………適量	
クローブ……………………………2個	
くず粉又は片栗粉…………………適量	
塩…………………………………適量	
付け合わせ：ニンジン、カブ、ジャガイモ	

【作り方】

① ほうれん草を茹でる。冷ましておく。
　細かく刻んでおく。
② ホワイトソースを作る。
③ ハーブ類をスープストックと共に鍋に

入れ、ハーブの香りをスープに引き出
し移す。塩をするがコショウはソース
が黒くなるので入れないこと。
④ 網で濾す。再び煮詰め、ホワイトソー
スを入れ、500ml のうち 250ml とホ
ワイトソースを合わせる。とろみがつ
くまで中火で、よく混ぜる。
⑤ 先ほど作ったホワイトソースでは濃度
が濃すぎるため、残りの 250ml で調節
する。刻んだほうれん草を入れてしば
らく煮込む。
⑥ ⑤が、すっかり冷めたら、挽肉と卵、塩・
コショウを加える。よく練る。
⑦ 型に流し入れ、30 分蒸す。
⑧ 竹串を刺して透明な肉汁が出たら完成。
⑨ 蒸しているうちに、付け合わせの野菜
を準備する。ダイヤ型に面取りして塩
茹でする。
⑩ お皿に逆さまに、シルクハットに見立
てて、付け合わせを一周させて並べ、
出来上がり。

Spinach Pudding
スピナッチプディング

Fish Pie
フィッシュパイ

こんがりポテトと魚。
二つの味が融合する
素朴なパイ

魚とマッシュポテトのみというシンプル
さ。アンチョビはソース状になったもの
を使うと魚に良く馴染み、アクセントに。

フィッシュパイと聞くと、イギリス好きな方な
ら「知っているわ」とおっしゃるでしょう。一
般的に今のフィッシュパイは、鱈やサーモン、
海老などをたっぷりと入れたホワイトソースの
上に、マッシュポテトをこんもりのせ、オーブ
ンでこんがり焼き色がつくまで焼いたものを
そう呼ぶでしょう。

家政本版はちょっと違います。ホワイトソー
スはありません。魚をほぐしたら、アンチョビ
とカイエンペッパーを混ぜて、その上にマッ
シュポテトを載せてオーブンで焼くというシン

プルなものです。しかしながら、シンプルと
言えど、その味は絶妙で、とても淡白な鱈、
イギリスではハドック（但しレシピでは特に、
魚は限定していない）などをアンチョビの塩
味が全体を引き締め、また、それは、ただ
の塩分ということではなく、イワシのうま味が
あるので、しっかり魚らしさを強調し、つい
マッシュポテトで埋もれてぼやけそうな具の味
を明確に主張させています。そこに、更にぴ
りっとしたカイエンペッパーを加えることによ
り味に複雑さが足されることになるのです。

作り方も衝撃的。生の魚を事前に火を通さ
ず、そのままパイ皿に入れ、その上に溶かし
バターを回しかけ、マッシュポテトをのせて
オーブンに入れて焼くというもの。あまりの大
胆ぶりに最初は驚き、「大丈夫かしら？」と
不安になったのですが、出来上がりは、しっ
かり火が通り、何も問題なく美味しいパイが
出来上がったのでした。

このパイは、お茶のお供ではなく、食事の
メインということでもなく、どちらかというと
小腹が空いた時の軽食や、食事の前菜にい
ただくのが良いのではないでしょうか。

Chapter *7*

第七章

Mrs. Beeton's
Puddings & Jelly Moulds

プディングと
モールドの
おはなし

S 1

T 1

U I

V 1

W 1

Puddings

プディング

熟成されたクリスマスプディング。蒸しあがるまでに5時間かかります（英国菓子研究家・牟田彩乃氏製作）。

魅惑のプディングの世界へ
ようこそ

Mrs. Beeton's
Puddings &
Jelly Moulds

『ビートン夫人の家政本』の中には数々の
プディングのレシピが掲載されています。イギ
リスでいう「プディング」とはどんなもののこ
とをいうのでしょう。ここでいう「プディング」
とは、フランス菓子のプリンのことではありま
せん。また、現在イギリスでは「プディング」
というと「デザート、スイーツの総称」を指
しますが、そもそも元をた
どればこれらは決して甘
いものではありませんでし
た。

起源は、紀元前8世紀
末、当時の詩人ホメーロ
ス作「オデュセイヤア」に
絵が描かれているといわ
れています。いわゆるブ
ラッド・プディングと言わ
れるもので、豚の胃袋に、
豚や牛の肉、そしてそれ
らの脂、血液、穀物、ハ
ーブやスパイスなどを混
ぜ合わせたものを詰めている様子で、それを
火にかけて鍋で茹でたのでした。

当時のブラッド・プディングは家畜を無駄
なく利用するために考えられた食品で、牧畜
の盛んな、ヨーロッパや東アジア地域では古
くから作られていたようです。例えばフランス
では「ブーダンノワール」など国や地域によ
ってさまざまな呼び名があります。

実際にヴィクトリア時代に使われていたモールド
(型)。その型を使ったフルーツゼリーを作りました。
家政本の挿絵そっくりです。

因みにイギリスでは現在フルイングリッシ
ュ・ブレックファストで必ずや出てくるという、
おなじみの「ブラック・プディング」そして
動物の血液を混ぜない「ホワイト・プディン
グ」も生まれました。貴族たちがプディング
に当時高価であった砂糖を加え甘くするとい
うことをはじめ、更にリッチなバター、レーズ
ン、ドライフルーツ、スパ
イス、お酒などを加えるこ
とにより、現在私たちが、
クリスマスに食べる、有名
なプラム・プディング(ク
リスマス・プディング)に
進化していきました。

そもそもプディング作り
に動物の内臓・胃袋や腸
を使うには、入手しづらく、
また長くて細い腸は、詰
めるのが非常に難しいと
いうことがあり、プディン
グは気軽に作れるもので
はありませんでした。

その後、動物の腸の代わりに布が誕生し
ました。丈夫で簡単、便利ですが、使い捨
てでない分、清潔さを保つのが大変でした。
家政本には、使用後、石鹸を使わず洗うこと、
よく乾燥させる、次回使用する前は、必ず煮
沸し、よく絞った後、表面に小麦粉を振るよ
うになどと数々の注意点が書かれています。

Riz a Limperatrice

リ・ア・ランペラトリス

19世紀ナポレオン三世
の宮廷シェフが皇后ウ
ージェニーのために考案
した、お米を使ったババ
ロア「リ・ア・ランペラトリ
ス」。

華麗なワルツが流れる舞踏会
ウージェニーのプディング

Mrs. Beeton's
Puddings &
Jelly Moulds

　プディングはイギリスだけではなく、フランスにもあります。19世紀ナポレオン3世の宮廷シェフが皇后ウージェニーのために考案した「皇后の米」を意味する「リ・ア・ランペラトリス」です。

　これは、お米を牛乳で煮て、レーズンなどのドイフルーツを入れクリーム状になるまで煮ます。別鍋でアングレーズソースを作り、お米を煮た粥状のものと合わせます。生クリームを泡立て、ゼラチンを入れてとろみをつけ、生クリームと合わせて型に流して固めるというもの。

　実際に作ってみると、プディングと言えどフランス菓子らしく少々手間がかかります。け

ウージェニー・ド・モンティホ。フランス皇帝ナポレオン三世の皇后にしてロココ時代のファッションリーダー。

れど122ページの完成写真をご覧ください。乳白色の美しい姿を。カールした模様の素晴らしさを。また、実際にヴィクトリア時代に使われていた真鍮製のプディングモールド（型）で作ることで当時の人々の美意識が伝わってきます。

　実際に食べてみると、とてもクリーミーですが、口の中に、小さく粒々と残るお米の食感が不思議なデザートです。

　また、もう一つウージェニーに因んで作られた有名なものにオーデコロンがあります。ピエール・フランソワ・パスカル・ゲランはウージェニーのためにゲラン初の「オーデコロンアンペリアル」を作りました。

Jelly and Mould

ゼリー＆モールド

ゼリーやプディング作り
に実際に使われたモール
ド（型）。筆者所有。／
上2点：ヴィクトリア時代
1800年代／下2点：ヴィ
ンテージ 1900年代。

D11.5cm×H13.5cm

D11.5cm×H13.5cm

D18cm×W15cm×H15cm

D18cm×W15cm×H15cm

水晶のような芸術品
職人が追求したエレガントなデザート

Mrs. Beeton's
Puddings &
Jelly Moulds

　19 世紀初頭では、まだフルーツが珍しく、ゼリーが食卓に彩を添えていました。映画『ヴィクトリア女王最期の秘密』の宴席でインド人青年アブドゥル達が、女王にゼリーを運ぶシーンがあります。まるでメインディッシュを運ぶように厳かな登場の仕方に、如何にゼリーが当時貴重な存在だったのかが伺えます。

　また、ゼリーは卓上に華やかさを演出するために、高さを出し、様々な模様を施した型（モールド）を作るなど工夫されました。そのため、芸術的な形のモールドがたくさん生まれ、重宝されたのです。

　1860 年代にパリのトロティエ社が制作した料理用の金型の広告は、種類の多さが際立っていることを物語っています。

　イギリスの著名なヒストリアン、アイヴァン・レイはこう述べています。

　19 世紀の銅製のゼリーモールドは、高さが 5 インチ（12.7cm）を超えるものはほとんどありません。割れたり崩れたりしてしまうからです。因みに、同じ銅製のモールドで高さの大きいものは、ゼリー用ではなく、ケーキやプディングなど他の料理を作るために、作られたものです。

　勿論もっと背の高いゼリーも作ることは可能です。但し、ゲル化剤を大量に使用しなけ

ればならず、ゴム状になり、食感が悪く食べにくくなってしまいます。

　そこで背の高い型に、フルーツ（あるいはプロフィットロール＝シュークリーム）を封入することで、内部構造 5.5 インチ（14cm）以上のより安定したゼリーを実現することを考案しています。

　水晶のようなゼリーの中に、色とりどりのフルーツやブランマンジェ。なんて美しいのでしょうか。これらは緻密な模様の型を作る職人技とエレガントな料理を生み出すことを追求した料理人との芸術作品というのに相応しいデザートでしょう。

上：陶磁器製プディング型
右上：銅製モールド
右：カヌレ型と並べた写真。繊細な模様が美しい。

第八章

Mrs. Beeton's
Table Settings

おもてなしの
ための
テーブル演出

Napkin

ナプキン

テーブルをドラマチックに演出する
魔法の存在、それがナプキン

Mrs. Beeton's
Table
Settings

『ビートン夫人の家政本』には、用途によるナプキンのサイズの違いと共に、面白いことが書いてありました。まず、朝食用は24インチ（約60cm）の正方形、ディナー用は28〜30インチ（70〜76cm）の正方形です。現在一般的に使われている50センチ・ナプキンよりも、約20cm大きいのには驚きます。

そしてナプキンを簡易的にまとめるために、骨、象牙、シルバーなど様々な素材のナプキンリングが作られました。家族めいめいがナプキンケースにそれぞれ自分のリングを持っていて、一般的な家族の普通の食事の時に使っていたようです。まるで日本人が家族の中で、自分専用のお箸を決めて使っているような感覚ですね。

そして、家族で普通の朝食をとる時などでは、ゆるりとたたんだナプキンをナプキンリングに通して気取らずに使っていました。

一方、ディナーパーティーのなどのフォーマルな場では、きちんと折る必要があります。加えて、ナプキンを少し糊付けし、アイロンがけしてからでないと、最もシンプルな形以外の複雑な形を試しても全く意味がありません。折り方は正確でなければなりませんし、そうでなければ、だらしなく見苦しいものになってしまいます。

それにしても、100年以上前の中産階級の家庭で、このような、華やかで、複雑で豊富なナプキンのたたみ方があるとは、如何に食卓を美しく演出するかに力を入れていたかが分かります。

P21には例として、小さなディナーロール

や3インチ四方の厚切りのパンをナプキンに忍ばせる「ミトル」「ナポリタン」「ローズ」「スター」など、たたみ方のヴァリエーションを紹介しています。ここでは写真で、「コックスコム・とさか」「ミトラ・司教のかぶる冠」の2つを掲載します。

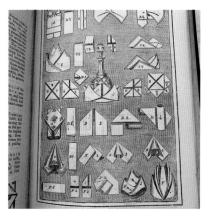

家政本にはナプキンのたたみ方の図解がありますが、複雑なものが多く、再現は大変でした。

Column

テーブルナプキンの
サイズ

現在ナプキンの大きさは下記のサイズとされているようです。

- カクテル6〜9インチ … 15〜22cm
- ティー 12インチ ……………… 30cm
- ランチ 14〜16インチ　35〜40cm
- ディナー 18〜20インチ 45〜50cm

The Cockscomb
（コックスコム＝とさか）

「とさか」に似せたたたみ方です。現在では
「極楽鳥」の名前で親しまれています。折り
方は簡単ですが、非常に豪華に演出できるた
め、覚えておくと良いでしょう。

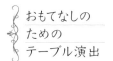

The Mitrs
（ミトラ＝司教のかぶる冠）

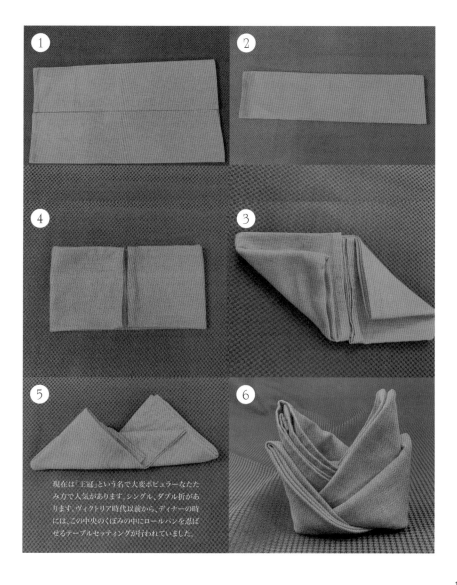

現在は「王冠」という名で大変ポピュラーなたたみ方で人気があります。シングル、ダブル折があります。ヴィクトリア時代以前から、ディナーの時には、この中央のくぼみの中にロールパンを忍ばせるテーブルセッティングが行われていました。

July.—Dinners for from Six to Twelve Persons.

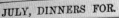

Menu.

Soup à la Reine.

Cold Turbot,
Horseradish Sauce.

Curried Prawns.

Rump-steak,
Oyster Sauce.
Fried Potatoes.

Artichokes.

Cherry Tart.
Cream.

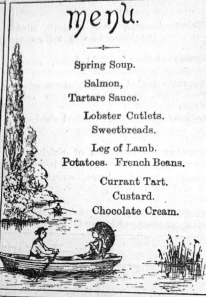

menu.

Spring Soup.

Salmon,
Tartare Sauce.

Lobster Cutlets.
Sweetbreads.

Leg of Lamb.
Potatoes. French Beans.

Currant Tart.
Custard.
Chocolate Cream.

Menu

Clear Soup

Cold Salmon
Cutlets,
Horseradish Sauce.

Chicken Croquettes.

Saddle of Lamb.
Potatoes.
Green Peas.

Lemon Cheesecakes.
Compôte of Fruit.

Cheese Straws.

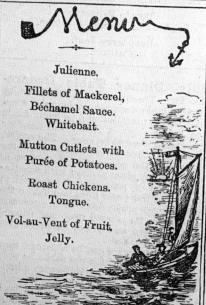

Menu

Julienne.

Fillets of Mackerel,
Béchamel Sauce.
Whitebait.

Mutton Cutlets with
Purée of Potatoes.

Roast Chickens.
Tongue.

Vol-au-Vent of Fruit.
Jelly.

Menu

メニュー

メニュー（献立）の組み立て方
ランチ・ディナーお食事編

『ビートン夫人の家政本』にはディナーのお
もてなしのアドバイスがあります。ただ日本人
は自宅でフルコースのフレンチディナーで、お
もてなしをするご家庭は極まれではないかと
思います。どうぞディナーでなくてもランチな
どお食事会の参考になさってください。メニ
ューカードはアフタヌーンティーのおもてなし
の際にも活用できると思います。メニュー（献
立）のアレンジは思っている以上に丁寧な気
配りと知識、経験が必要です。美味しい料
理をたくさん並べれば良いメニューになるわ
けではありません。

　例えば、盛り付けにきれいな差し色を効果
的に使うのも一つのテクニックでしょう。また
料理に応じて数種のワインも選ばなければな
りません。

　ランチ、ディナーともに、食欲を掻き立て
るような、アンティパストから始まり、決して、
味の濃いものの後に、さっぱりした料理を続
けてはいけません。例えば前菜が3品ある
場合は、最も味の強いものを3番目に出しま
す。やむを得ず味の濃いものが続く場合は、
時折、オリーヴの実やサラダなどちょっとした
「休憩」を挟むと良いでしょう。こういった休
憩は食事やワインの味覚を一層リフレッシュ
させ楽しいものにするのです。

＜メニューカード作り＞

　お食事のおもてなしにはメニューカードは
欠かせません。既製で売られている美しいカ
ードを使ったり、手作りしても構いません。ト
ランプを表裏使ったカードも面白いでしょう。

　＊メニューがあると、苦手なメニューなど
事前にホストに断ることが出来ます。

　＊ヴィクトリア時代の中産階級のディナー
は、基本的に食べきれないほどの量をお出し
するのがおもてなしとされていたようですが、
メニューがなかったために、後から自分の好
みの料理が出てきても満腹状態で食べられな
いということがあったのです。これではもてな
す側もされる側も心残りのお食事会となって
しまいますね。

メニューは季節感を大切にし、毎月書き替えられていました。当
時はさまざまな形でできた、美しいイラストのメニューカードが
たくさん売られていました。

ビートン夫人の教訓集

ビートン夫人はこの家政本の中で、様々な分野のためになる教訓を残しています。それは、料理に関することやテーブルコーディネートなどの How To だけでありません。社交についてのアドバイス、掃除、ちょっとした生活の知恵、さらにドレス選びまで多岐にわたります。

現代語に翻訳をしたものを読んでみると、「あら、当たり前のことを言っているだけじゃないの?」そう思ってしまう方もいらっしゃるかもしれません。しかし、意外にも当たり前だと思っていることを言葉にし、忠告してくれる人はまれなのです。言いにくいこともはっきりと、歯に衣着せぬ言葉で語ってくれています。

Dessert dishes
デザートデコレーション （フルーツ大皿盛りのポイント）

一般的に多くの方が、ディナーテーブルの装飾には、フルーツを置かずに、花だけにすることを好むでしょう。確かにパイナップルや、メロンなど、熟すと香りが非常に強いものの場合は否めませんが、テーブルに季節のフルーツを飾ることはデコレーションとしても効果的です。

ビートン夫人はフルーツを飾ることについて「食事のプロセスにポエムがあるとすれば、デザートにも、ポエムがあるといえるかもしれない。ですからそのための材料は深く吟味する必要があり、素材の季節を意識することが大切です」と述べています。

食卓に美しく季節を表現するフルーツを飾るポイント（デザートサービス）をお話ししま

しょう。

　まず、フルーツは食卓に必要な当日に、用意しましょう。ご家庭には形、素材、模様など多様な器があり、好みも様々ですが、もしシルバーや陶磁器でアンティークをお持ちの方は、それを食器代わりに使うことをお勧めします。白い陶器は最も美しいデザートサービスで、フルーツをひきたたせます。『ビートン夫人の家政本』では、背の高いコンポート、取っ手のあるバスケットなど、テーブルのアクセントになるような高低差のつく器を選んでいます。

　葉を丸くぐるりとお皿に敷き、フルーツの間にも挟んで、山型になるよう、上品に並べていきます。グリーンとのコントラストが非常に美しくなります。メロン、パイナップルは大胆に丸ごと一つ、盛り付けるのも大きな特徴です。ヴィクトリア時代、鉄道網の拡大により、この頃はまだ珍しかった南国のフルーツも手に入るようになりました。これを誇示するのも一つのステイタスだったのでしょう。

　それでもビートン夫人は上手に家計をやりくりしています。

　旬のフルーツを購入することで、デザートをリーズナブルな価格で提供でき、これらに少し豪華なビスケット、ボンボン（外側を砂糖でコーティングし、中に果汁、お酒などを入れて固めたお菓子）、ドライフルーツの砂糖漬けなどを加えれば通常のデザートには十分です。

　イチゴなどの場合は、アイスクリームをグラスで提供し、ウエハスを添えていたそうです。通常ヴィクトリア時代のディナーのアイスクリームはモールド（型）に美しく入れて装飾的に固められテーブルに豪華に並べられました。そして、忘れてならないのは、デザートと共に楽しむデザートワインでした。アイスクリームなどの甘いものの後は、ワインのための味覚直しに、干した生姜を配ったそうです。

　ビートン夫人は、日本の茶の湯のおもてなしの心に共通するような、相手のことを思いやるきめ細かなしつらいも見せています。

　例えば、夏のおもてなしでは、フルーツをお皿の盛りつける際、うっすらと水滴のついたグリーンやアイスプラント（水草など）を添えることで清涼感を与えると良いとアドバイスしています。

　また、メロンやパイナップルを切り分けて振る舞う時に使う、フィンガーボールの水は、夏は冷たい湧き水で、冬には、ぬるま湯にすること。そしてバーベナ（レモン科の植物）、香りのよいゼラニウムの葉、アードン（シダの葉）と小さな花を一輪水に浮かべること。と、女性らしい心遣いを見せています。

　家政本のフルーツの挿絵は美しいだけではなく、実は季節のあしらい、演出により客人を喜ばせるものでもあり、また、アイスプラントの盛り付け、フィンガーボールの水の温度などこれは大変学びになるおもてなしの心得ですね。

Conversation
お茶会の会話

その日の些細なトラブルや、僅かないらだちは、必要以上に拘ってはいけません。多くのゲストは、家族や子供たちの心配事を延々と話すという悪い癖があり、ゲストの皆さんが、面白くない話題だと思っていることに気付いていません。言い換えれば、知的で楽しい内容でないのなら、話題にしない方が良いでしょう。

一方、結婚、出産など、おめでたい話題や闘病、弔事など哀しい重大な出来事の場合は是非話してください。皆で、喜びを分かち合ったり、哀しみを慰めあったりしましょう。但し、家庭の奥さまの場合はご主人の会社で仕事でのミスについてなどは、決して話さぬように気を付けましょう。

私たちの会話が面白いか、その逆かの秘訣は、主に話している相手の気持ちに会話を合わせる必要があります。多くの人は、自分自身で好きな話題について話すので問題はないのですが、まれに、恥ずかしがりやの人がいた場合、その人の好む話題を見つけるのは、ある程度機転が必要になるかもしれません。しかし、必ずやその方たちにもきっと興味のある話題はあるはずです。少しでも会話に参加していただけるように、質問を投げかけたりするのも良いでしょう。そのうち、ゲスト同士も打ち解け、その会も、楽しい有益な情報交換の場となるはずです。

これは、家でお茶会や、パーティーを催す場合での会話のエチケットです。招く側、招かれる側も気を付けたいものです。

コラム
Column

Frugality
倹約は美徳なり

ビートン夫人はこの家政本の中で、常に質素倹約をうたっています。無論、贅沢な食材や、料理も献立としては掲載されていますが、その場合でも、代替品を提案しています。倹約に関しては、かなり、しっかりとした自論があります。

倹約と経済性は家庭の美徳であり、これがなくては、家庭は繁栄しません。

ビートン夫人はイギリスの著名な文学者サミュエル・ジョンソン博士の言葉を使ってこう述べています。「倹約は、慎重の娘、節制の妹、自由の親と呼ぶことが出来る。贅沢をするものはすぐに貧乏になり、貧乏は依存を強要し、堕落を招く」。

彼女は、豊かに暮らすということは、「どうや

って増やすか」よりも「どうやって手元の資金を上手く、やりくりしていくこと」が大切で、真の知恵が必要だとも言っています。

大きな財産を所有しているか否かにかかわらず、手元の財産を上手く管理できる人は、非常に信用できることを覚えておく必要があります。「小さな事を、上手く管理できる人は、おそらくより大きなものを管理する際にも成功する可能性があるでしょう」とも付け加えています。

しかし、最後に彼女も付け加えていますが、倹約が、過度になり、決して卑屈になってはいけません。物事なんでも心のゆとりも必要なのです。

Hosipitality
おもてなしとは？

おもてなしをすることは素敵なことです。しかし、つい肩に力が入り、頑張りすぎてしまい、材料や準備にお金をかけすぎてしまっていませんか。それは、おもてなしではなく、ただの浪費でしかないのです。現実性と思いやりは生活の役割と同様に十分考えるべきです。

19世紀のアメリカの作家ワシントン・アーヴィングはこう言っています。

「本物のおもてなしは、心から発せられるものがある。それは言葉では言い表せないが、すぐに感じることが出来る。初対面でも彼女のやさしさに、安らぐことが出来るでしょう」。

Cooking
料理・お菓子作りの支度

「料理作りはさまざまな動作を同時進行しなければならない」、「すべてのものに場所があり、全てのものがその場所にある」。これが最も大切なルールであるとビートン夫人は述べています。これは、コラム「清潔なキッチン」でも共通のことですが、必要な物がいつも同じ場所にないとそれを探すのに時間がかかり、素早く調理ができないというのです。メイン料理とそれに添える野菜やソース作りも、同時進行しなればなりません。迷っていては、焦がしてしまったり、茹ですぎてしまったりするかもしれません。無駄な動きは禁物です。

また、ビートン夫人はこんな提案もしています。「その日の料理のリストを2枚のメモにして、目立つところに貼っておきましょう」。

1枚目はすべての献立を書き出し、うっかり材料買い忘れミスをなくすことを目的にしています。2枚目は、オーブンで何分焼けば良いか？何度の設定か？など、いざとなって慌てないために、あらかじめレシピをメモして見ておく方が慌てずに済みます。

特にお菓子作り、ケーキ作りにも共通して言えることではないでしょうか。あらかじめ、要点をまとめておけば計量などを始めてから買い忘れに気付いたりしません。またメモを事前に見ておけば、慌ててテキストを見ることもないでしょう。

Kitchen
清潔なキッチン

汚れたキッチンは恥ずべきことです。良い料理は絶対的な清潔さなしには、存在しえません。整理整頓されたキッチンの方が料理をするのに時間と手間がかかりません。動線もよくスムースです。

ビートン夫人のごもっともな、ご指摘で、ドキッとなさった方も多いのではありませんか？『ビートン夫人の家政本』では、たくさんの料理レシピが掲載されています。彼女は、ただ美味しい料理を作ることのみを提案して

いるわけではありません。いかに経済的に、そして効率的に、また、基本的なことですが、衛生的に厳しい目で注意を払っています。時代が違うといえども、衛生観念は同じこと。一度整頓されていない状態にしてしまったら、元に戻すのは大変。日々のまめな片付けの習慣と丁寧な掃除。もう一度心に留めておきましょう。

to make tea
ビートン流 美味しい紅茶の淹れ方

美味しい紅茶の国と言えばやはりイギリス。『ビートン夫人の家政本』初版本の「美味しい紅茶の淹れ方」は次の一言から始まります。「美味しい紅茶を淹れることは難しいことではありません。お湯を沸かし惜しげもなく、香りのよい茶葉を使えば、必ずおいしい紅茶ができます」。今では「紅茶の美味しい淹れ方ゴールデンルール」と呼ばれるものがありますが、その基礎を最初に作ったのは、この『ビートン夫人の家政本』と言われています。

しかし当時の「ビートン流 美味しい紅茶の淹れ方」、実は茶葉とお湯の分量が正確に明記されていないところや、後から水を足してしまうなど、ヴィクトリア時代独特の飲み方であったようです。ですから、決して現代の私たちは真似しないようにして戴きたいのです。しかし、「香りのよい茶葉を惜しむことなく使うこと」、「茶道具は事前に熱湯で温めておくこと」、「紅茶は熱湯で淹れること」などは現在もなお通じるメソッドです。

参考までに以下、ヴィクトリア時代当時の「紅茶の美味しい淹れ方」を記載致します。それにあたりもう一点、驚くべきことがあります。

「もっと濃く紅茶を淹れたい場合、炭酸ソーダを数粒入れる」とあるのです。今では考えられません。

「ビートン流 美味しい紅茶の淹れ方」

美味しい紅茶を淹れることは難しいことではありません。お湯を沸かし惜しげもなく、香りのよい茶葉を使えば、必ずおいしい紅茶ができます。香りのよい茶葉を使えば、必ずおいしい紅茶ができます。茶葉は1人につきティースプーン1杯、更にもう1杯。

ティーポットを熱湯で温め、完全に熱くなるまで2～3分おき、それからお湯を捨てます。

茶葉を入れ、熱湯を1/2～3/4パイント（280～430ml）注ぎ、蓋をして、5分から10分放置してお茶を抽出します。その後、ポットの水を満杯にします。

最初の水をよく沸騰させないと茶葉が開かず、香りが抽出されないため、無色で無味のただのぬるま湯にしかなりません。

大人数でお茶を入れる場合は、1つのポットに大量の茶葉を入れるのではなく、2つのティーポットを用意するとよいでしょう。煎じ終わった茶葉は、新しい茶葉を加えてもほとんど濃くなりません。

もっと淹れたいときは、古い茶葉をポットから空け、湯煎し、通常の方法で新しい茶葉を入れます、熱湯を注ぐ前に炭酸ソーダ（重曹）を数粒加えると、お茶のうまみを引き出します。

但し、石鹸の味がするので大量に入れ過ぎると味が悪くなるので要注意です。

Downton Abbey
ダウントン・アビー

©2010- 2015 Carnival Film & Television Limited. All Rights Reserved.

鳥が鳴く青空の下で、白いテーブルクロスを広げ、きらきらとよく磨き上げられたティーポットから、美しいティーカップへと注がれる、香り高い紅茶。丁寧に面取りされたキューカンバーサンドイッチやマドレーヌにフルーツケーキ。

ダウントン・アビーのグランサム伯爵夫人コーラと先代の伯爵夫人バイオレットとのガーデンアフタヌンティーの光景は、なんと、優雅で贅沢な時間なのでしょう。

この映画では、女性たちのティータイムのシーンがたくさん登場します。このアフタヌンティーの空間は完全に女性たちだけのものでした。当時のご婦人方のアフタヌンティーは、非常に

『ダウントン・アビー』コンプリート・ブルーレイBOX：32,780円（税込）発売元：NBCユニバーサル・エンターテイメント ©2010- 2015 Carnival Film & Television Limited. All Rights Reserved.
※2023年3月の情報です。

プライベートなものでした。お茶を楽しんでいる間はその周囲には、使用人はいません。ですから、コーラとバイオレットも心おきなく話が出来ました。

そして注目していただきたいのは、テーブルの上のティーケトルです。下にアルコールランプが設置されていて、お客様の前でそのまま、お湯を保温できるようになっています。

ティーケトルは、キッチンが地下にあったり、居間から離れていたりした当時、使用人の往来の代わりに活用

されました。これは理にかなった、そして大変優れた、機能美を備えた茶道具なのです。

さて、更によく見ると、ティーセット、ケトル一式が、コーラの側にまとめられ、バイオレット側に向けて置いていませんか。

これは、おもてなしの主人がコーラであることを表しています。その家の女主人が、お茶を淹れることが「おもてなし」であり、アフタヌンティーのお客様がポットに触れることはありません。

そういう点にも注目しながら映画を鑑賞し、英国式ティーマナーも学んでいきましょう。

Fashion
服装とファッション

　お洒落な人を目指すなら、洋服の買い物は、時間のある時と、お金のある時にするべきです。手持ちの資金の予算を考慮した後、その時の自分の顔色、体型に最もよく似合うものを選ぶべきで、一時的な流行に惑わされてはいけません。その迷いが、本当に似合うものへの判断力を鈍らせてしまうのです。ホームウェア、スポーツウェア、お出かけ着など、TPO によって、何が相応しいか、用途に合わせた服を選択することが重要です。

　ハムレットの息子、ラエルテスへのポロニウスが素晴らしい助言をしました。この言葉は男性に与えられた言葉ですが女性のドレス問題にも当てはまります。

Friends
友人作り

　友情は急激に作られるものではなく、ゆっくりと育まれるものです。初対面で一見社交的でも、内面はそうでない人もいます。ですから、第一印象ではよくわかりません。良識的な人かどうか、本当に信頼し心を許せる人かどうか慎重に判断することをお勧めします。

Fashion
奥さまの装いのマナー

　ヴィクトリア時代は、女性は1日に何度も着替える風習がありました。それは常にTPOに適した、着こなし、服装があり、日中はデイドレス、夜にはイヴニングドレスと家庭の中での行動にも応用されます。ビートン夫人は言います。

　朝にはジュエリーなど、たくさんつけず、シンプルな服装にするべきです。何故なら、この後やるべき朝の家事の邪魔になるからです。その後、来客の有無に関わらず着替えることを勧めています。しかし、ここでも夕食時の正装をするまでは、場違いでゴージャスな宝飾品をたくさんつけることは好ましくはありません。

　現代の私たちは、夕食時に正装をする機会はほぼありません。しかし、朝のシンプルな装いについての忠告は参考になります。またTPO によって服を着替えることは大切です。服はその人を表現し外見から内面を判断されてしまうからです。

　現代にもドレスコードというものがあります。フォーマルからスマートカジュアルまで時間帯や場所によって異なります。単に食事をするとしても装いを間違うと恥をかくのです。

　ヴィクトリア時代の女性は、きっと夜の晩餐会や舞踏会になると、ここぞとばかり胸の開いたイヴニングドレスに着替え、その胸元にお気に入りのジュエリーを身に着け楽しんだのでしょう。

Epilogue

あとがきにかえて
〜家政本が教えてくれたこと〜

　本書では、今から約150年前、ヴィクトリア時代の食卓を再現しています。一部、1900年代以降のものも掲載していますが、珍しい料理、お菓子、おもてなしのテーブルや、それに伴うデコレーションなど、できる限り『ビートン夫人の家政本』の世界を忠実に再現したつもりです。

　私が初めて家政本のお菓子を再現した3年前、ヴィクトリア時代には画期的と言われたレシピも、現代のものと比べると不親切で、型の大きさも、オーブンの焼成温度も時間も書いていません。いくら材料の重さが分かっても型の大きさがわからなければ計算が出来ません。そして、概して数量が多いのです。とりあえず1/3で計算してみて作ってみました。初めてのレシピ。さぞ甘いのだろうと思ったら、ほんのりと上品な甘さ。とても上手にできたので感動してしまいました。

　そこから、楽しくなり次々とチャレンジが始まりました。そしてお菓子だけではなく、料理、テーブルコーディネートにも挑戦、もっと家政本のこと、編集者のイザベラ・ビートンのことが知りたくなってきたのでした。

　『ビートン夫人の家政本』については、既にご専門の先生方が解説本を出していらっしゃいますが、今回、私が本書を制作するにあたり、私なりのスキルで家政本を読み解き、解釈し、再現したつもりです。巻頭セクションのテーブルセッティングの写真以外のスイーツや料理は、私自身が撮影したもので、今回の再現にかける思い入れと情熱が読者の方々に伝わればうれしく思います。

　家政本を読むと様々な国の料理のレシピが載っており、カンガルーの尻尾のフリッターなど仰天するようなものもありました。また多くのレシピや晩餐会メニュー表もわざわざフランス語表記であり、中産階級向けでもかなりアッパークラスを意識した作りで、それが当時の上昇志向の夢見る女性たちから人気を博した理由でしょう。

　しかし、その一方で「質素倹約」、「倹約は美徳なり」とも述べています。先日チャールズ国王のインタビュー記事を読みました。彼は同じスーツを36年間、手直ししながら大切に着用し続けているとのこと。倹約とは異なるかもしれないですが、無駄を省き、ものを大切にする心は同じです。贅沢が幸せではないと家政本も国王も教えてくれたのでした。

イザベラ・ビートンの生涯

1836 年　ロンドンのメリルボーンでリネン商メイソン家の長女として誕生。

1840 年　（4 歳）父親ベンジャミンが他界。親戚に預けられるなどの苦労を経験。

1843 年　（7 歳）母親エリザベスがエプソム競馬場の大株主で経営者ヘンリー・ドーリン
　　　　　グと再婚。双方の連れ子が合計 7 人、その後 20 年間に両親は 13 人もの子ども
　　　　　をもうける。イザベラは、長女として、多くの弟妹の面倒を見ることで、リーダー
　　　　　シップを発揮し、家庭の中の取り仕切り方や判断力を実践で身に着ける。

1851 年　（15 歳）裕福なアッパーミドルクラスである義父により、恵まれた教育を受ける。
　　　　　ロンドンのイズリントン女子寄宿学校に入学。その後ドイツのハイデルベルクに
　　　　　留学。ドイツ語に加え、フランス語も堪能となる。また、文化面では、ピアノを
　　　　　習得、お菓子作りの知識や経験も得た。

1854 年　（18 歳）卒業後、エプソムの自宅に戻る。

1855 年　（19 歳）出版社経営兼雑誌編集者サミュエル（24 歳）と婚約。

1856 年　（20 歳）父ヘンリーの猛反対を押し切り結婚。エプソム競馬場で盛大な披露宴を
　　　　　開催。新婚すぐ、夫サミュエルの S.O Beeton 社で雑誌のコラムの執筆を手伝
　　　　　い始める。

1857 年　（21 歳）月刊「English Woman's Domestic Magazine」に初めて彼女自身が
　　　　　書いた記事が掲載される。この雑誌の料理レシピは読者からの投稿や引用で作成
　　　　　されたが、彼女はこれらを日々試作し、編集を続けた。コラムにフランスの戯曲
　　　　　や哲学者の格言などを翻訳し、彼女の教養の高さを示した。

1861 年　（25 歳）「Beeton's Book of Household Management」初版本出版、2 年後
　　　　　6 万部を越え、6 年後 12 万 5 千部に達した。ビートン家政本は、良妻賢母を主
　　　　　題に書かれていたが、実際イザベラ自身は、妊娠中も含め朝から晩まで出版社で
　　　　　働くキャリアウーマンだった。また、夫サミュエルと仕事上対等で良いパートナー
　　　　　だった。

1865 年　（29 歳）四男出産後、産褥熱のため他界。南ロンドン ウェスト・ノーウッド墓地
　　　　　埋葬。

再現
ビートン夫人の
おもてなし

現代に蘇るヴィクトリア時代の食卓

2023年6月30日 初版発行
著者：小坂真理子

編集：新宅久起
校閲：守 幸子
撮影：岡本譲治（カバー、P5、P16〜29、P48、P70〜71）
装丁：橘 勇

参考文献：
『ビートン社の家政書とその時代「しあわせのかたち」を求めて』（京都大学学術出版会）
『ヴィクトリア朝の女性たちファッションとレジャーの歴史』（原書房）
『図説ヴィクトリア朝の暮らし：ビートン夫人に学ぶ英国流ライフスタイル』（河出書房新社）
『プディングの歴史』（原書房）
『Mrs. Beeton's Book of Household Management』（Skyhorse Publishing）
『The Best of Mrs Beeton's Cakes and Baking』（RIGEL）
『ミセス・クロウコムに学ぶヴィクトリア朝クッキング 男爵家料理人のレシピ帳』（ホビージャパン）

発行：株式会社ブリティッシュ・プライド
153-0063 目黒区目黒3-12-11
Tel&Fax. 03-6451-2710
www.british-pride.net

発売：丸善出版株式会社
101-0051 東京都千代田区神田神保町2-17
Tel.03-3512-3256 Fax.03-3512-3270

印刷・製本：シナノ印刷株式会社

ISBN978-4-909778-03-1
©Mariko Kosaka 2023

Jelly of 2 Colours.

Macedoine of Fruits with Jelly.

Lemon Cream.

Victoria Sandwiches.

Meringues.

Grape Jelly.

Trifle.

Chocolate Cream.

Iced Oranges.

Stewed Pears.

Tipsy Cake.

Rout Cakes.

Crystalized Fruits.